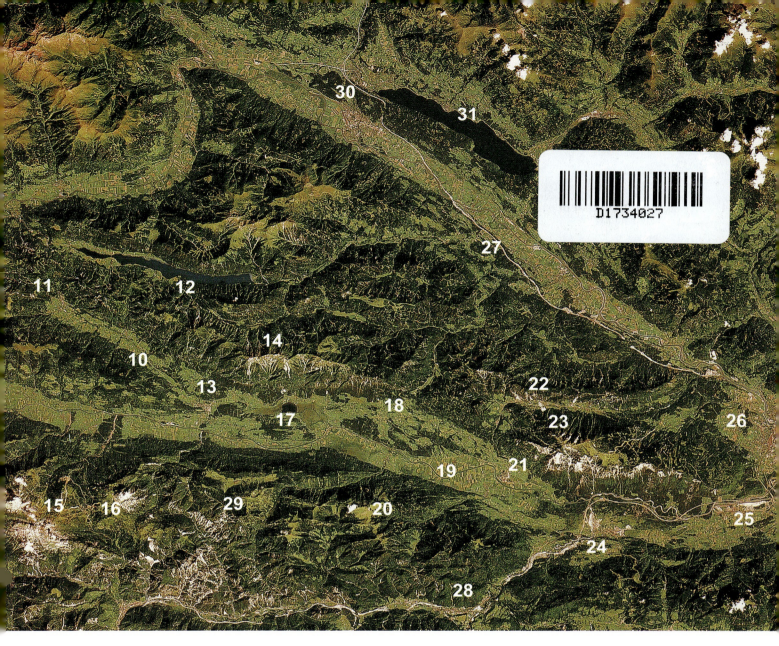

Die vorliegende Satellitenaufnahme ist ein Auszug aus dem Satellitenbildatlas „Österreich" und wurde vom Landsat - Satellit aus etwa 705 km Höhe aufgenommen. Satellitenbildaufnahmen ermöglichen dem Betrachter, seinen Lebensraum aus einer gänzlich anderen Perspektive zu betrachten.

Legende zum Satellitenbild:

1 Lesachtal
2 Gailbergsattel
3 Kötschach-Mauthen
4 Plöckenpaß
5 Hohe Warte
6 Polinik
7 Kirchbach
8 Jauken
9 Reißkofel
10 Gitschtal
11 Weißbriach
12 Weißensee
13 Hermagor
14 Spitzegel
15 Naßfeld
16 Gartnerkofel
17 Pressegger See
18 St. Stefan
19 Gail
20 Osternig
21 Nötsch
22 Bleiberg
23 Dobratsch
24 Arnoldstein
25 Fürnitz
26 Villach
27 Drautal
28 Tarvisio
29 Poludnig
30 Spittal an der Drau
31 Millstätter See
32 Oberdrauburg

Gabriel Stabentheiner

Gailtal

mit

Gitschtal - Weißensee - Bleiberg

Kärnten

*Zur Erinnerung an deine 15 Urlaubs-
jahre in unserem Hause verbunden
mit einem herzlichen Dankeschön
für deine Treue

von Ria und Gust

Görtschach im August 2001*

Eine Landschaft in 340 Bildern

Vorwort

Ein Tal ist in der üblichen Vorstellung ein Landschaftsgebiet, welches zumeist nach dem Bach oder Fluß benannt ist, von dem es durchflossen wird, das vom Quellgebiet bis zur Einmündung in ein größeres Gewässer reicht und beidseitig von hohen Bergen umrahmt ist. Fast alle Alpentäler weisen dieses Schema auf. Daß ein Gebirgstal von über 100 km Länge aber mit drei verschiedenen Namen bezeichnet ist, dürfte eine seltene Besonderheit sein, derer sich das Tal der Gail rühmen kann. So lautet die gängige Bezeichnung für den obersten Talraum auf Osttiroler Gebiet „Tiroler Gailtal", der Mittelteil führt den Namen „Lesachtal" und erst von Kötschach-Mauthen ostwärts beginnt das eigentliche „Gailtal" auf Kärntner Gebiet.

Diesen Abschnitt der Talregion hat dieses Buch zum Inhalt. Den beiden ersteren Teilen wurden bereits zwei Bildbände mit den erwähnten Namen gewidmet, die nun zusammen mit diesem neuen Band „Gailtal" die gesamte Länge des Talbereiches von Tassenbach bei Sillian in Osttirol bis Arnoldstein in Kärnten, bzw. bis zum Eintritt ins Villacher Becken, vorstellen. Somit ist jetzt die Buchreihe unter dem Titel „Eine Talschaft - Drei Namen" komplett.

Die durch die Größe des Gebietes bedingte Vielfalt der Landschaft, seiner Kultur und der Sehenswürdigkeiten, mußte auf einen annehmbaren Umfang gebracht werden, so daß manche Einzelheiten, die dem einen oder anderen Leser wichtig erscheinen mögen, gekürzt oder weggelassen werden mußten. Daher erhebt dieses Werk auch keinen Anspruch auf Vollständigkeit. Es wurde versucht, einen möglichst repräsentativen Querschnitt durch alle wichtigen Bereiche dieser Gegend zu erreichen, wobei der Schwerpunkt auf die bildliche Darstellung gelegt wurde, um der Bezeichnung Bildband gerecht zu werden. Trotzdem brachte die Fülle von Informationen die Notwendigkeit mit sich, die Bildtexte und Beschreibungen sehr umfangreich auszuführen. Dabei wurden auch viele historische Daten von Ereignissen aus der Vergangenheit als wichtig erachtet. Nach reiflicher Überlegung schien es auch sinnvoll, zusätzlich zwei Gebiete in dieses Buch aufzunehmen, die etwas außerhalb des Gailtales liegen. Es sind dies das Weißensee-Hochtal und das ehemalige Bergbaugebiet Bleiberg-Kreuth, die beide wirtschaftlich und tourismusbezogen mit dem Gailtal eng verbunden sind.

Für das Gelingen dieses Werkes war eine Vorarbeit von mehreren Jahren notwendig. Allein schon die Besorgung von 240 selbst gemachten Fotos war ein zeitaufwendiges Vorhaben. An dieser Stelle sei nun auch jenen Personen und Stellen gedankt, die das übrige Bildmaterial zur Verfügung gestellt haben. Besonderer Dank gebührt Herrn Arnold Ronacher für die Erstellung des einleitenden Beitrages am Anfang dieses Buches. Allen Personen, die durch mündliche Informationen den Inhalt bereichert haben, sei ebenfalls mein Dank ausgesprochen, insbesondere auch meiner Familie für deren positive Mitarbeit.

Den Bewohnern des Gailtales möge dieses Buch so manche Einzelheiten wieder ins Gedächtnis rufen und sie dazu anleiten, den Schönheiten ihrer Heimat die verdiente Aufmerksamkeit zu widmen. Für die vielen Besucher und Freunde des Gailtales soll es eine Anregung sein, die Sehenswürdigkeiten zu besuchen und die eindrucksvolle Bergwelt zu erforschen. Die erlebten Eindrücke aus dieser Landschaft und den dort lebenden Menschen können durch diesen Bildband mit nach Hause genommen werden, wo sich die Erinnerung an schöne Stunden jederzeit nach Belieben wieder auffrischen läßt.

Gabriel Stabentheiner

Das Gailtal

De Berg so hoach, es Tål so schian
und mittndrin de Gaile
Muaß ållweil wieder hamzua giahn,
i find sunscht ka Derweile.
De Berg so hoach, de Leut so fein,
da Sea, da Wåld, es Feld!
Es kånn ja ninderscht schiander sein,
war noch so groaß de Welt!

Wer von Villach in südwestlicher Richtung um die Ausläufer der Villacher Alpe fährt, dem öffnet sich der Blick nach Westen in ein schnurgerades breites Tal, das überaus interessant, in vielerlei Hinsicht sogar einmalig ist: in das Tal der Gail, das hier trichterförmig in das Klagenfurter Becken mündet.

Die Besonderheit des Gailtales zeigt sich - bedingt durch seine Grenzlage - auf vielen Gebieten: Geographisch, geologisch, klimatisch und botanisch ebenso wie historisch und ethnographisch. Kaum sonstwo findet man auf engstem Raum eine solche Vielfalt. Das merkt man auf Schritt und Tritt, an den Oberflächenformen, an den Siedlungen und an der Lebensweise seiner Bewohner.

In der 100 km langen Längstalfurche der Gail - der längsten der Ostalpen - kann man drei verschieden geartete Abschnitte unterscheiden: Das 1500 m bis 900 m hoch gelegene Lesachtal am Oberlauf der Gail, das 1,5 km bis 2 km breite Obere Gailtal von Kötschach-Mauthen (700 m) bis Hermagor (600 m) und das einschließlich einiger höher gelegener Terrassen bis 4 km breite Untere Gailtal von Hermagor bis zur Einmündung ins Villacher Feld (500 m). Die beiden letzteren Abschnitte bilden das eigentliche Gailtal im engeren Sinne, das im vorliegenden Buch vorgestellt wird.

Als Seitentäler weist das Gailtal lediglich die Gailbergfurche bei Kötschach, das 12 km lange bei Hermagor einmündende Tal der Gössering (Gitschtal) und das bei Arnoldstein abzweigende und seit 1919 zu Italien gehörende Gailitztal (Kanaltal) mit seinem Hauptort Tarvis auf. Ein nur zum kleinen Teil zum Gebiet des Gailtales gehörendes Seitental führt von Nötsch in das nördlich des Dobratsch gelegene ehemalige Bergbaugebiet Bleiberg.

Während im Lesachtal die Gail sich in den höher gelegenen einstigen glazialen Talboden, auf dem sich die Siedlungen befinden, V-förmig bis zu 200 m tief eingeschnitten hat, ist das Gailtal ein typisches U-Tal, das der eiszeitliche Gailgletscher, einer Bruchlinie folgend, ausgeschürft hat. Bei den erwähnten Terrassen im Unteren Gailtal handelt es sich um Reste zwischeneiszeitlicher Talböden. Der Gailbruch stellt auch die Grenze zwischen den ostalpinen Decken und den von Süden anbrandenden Dinariden dar, was geologisch von besonderer Bedeutung ist.

Immer wieder auftretende Erdbeben beweisen, daß die Krustenbewegung in diesem Gebiet noch nicht zur Ruhe gekommen ist. Das schwerste Erdbeben in geschichtlicher Zeit, jenes von 1348 hatte, u. a. den Dobratschabsturz ausgelöst, dessen Folgen noch heute in dem Trümmerfeld am Fuße dieses Berges zu sehen sind.

Beiderseits umrahmt wird das Gailtal von der vorwiegend paläozoischen Karnischen Hauptkette im Süden, auf deren Kamm die Grenze zu Italien verläuft und den mesozoischen Gailtaler Alpen im Norden. Beide Gebirgsketten gehören den Südlichen Kalkalpen an. Gekrönt werden diese Gebirgszüge von einer Reihe stolzer Gipfel. In der Karnischen Hauptkette sind es vor allem die imposanten Berggestalten zwischen dem Wolayer See und dem Plöckenpaß:

Hohe Warte (2780 m), Kollinkofel (2742 m), Cellon oder Frischenkofel (2241 m), Mooskofel (2506 m) und Gamskofel (2526m). In der Nordwand der Kellerwand (2774 m) eingebettet befindet sich der einzige Gletscher der Karnischen Alpen, das Eiskar. Aber auch östlich des Plöckenpasses gibt es noch eindrucksvolle Gipfel: Polinik (2332 m), Hoher Trieb (2199 m), Trogkofel (2279 m), Roßkofel (2240 m), Gartnerkofel (2195 m) und Oisternig (2052 m), um nur die wichtigsten zu nennen. In den Gailtaler Alpen bestechen durch ihre charakteristischen Formen vor allem die Jauken (2275 m), der Reißkofel (2371 m), der Spitzegel (2118 m) und die Villacher Alpe (Dobratsch, 2166 m).

Durch die Nähe zur Oberitalienischen Tiefebene und zur Adria wird das Klima dieses Gebietes wesentlich beeinflußt. Nur 40 km trennen den Karnischen Kamm am Naßfeld vom Alpenrand im Süden, nur 100 km Luftlinie sind es bis zum Meer. Infolge dieser Randlage nähert sich das Klima in den höheren Lagen ozeanischen Werten, während das Klima im Talboden - von den Karnischen Alpen abgeschirmt - mit heißen Sommern und kalten Wintern als typisch kontinental bezeichnet werden kann. Auch der Niederschlagsreichtum unseres Gebietes läßt sich aus dieser Randlage erklären. Der Einfluß des Mittelmeeres zeigt sich auch in der Verteilung der Niederschläge. Während die Sommer verhältnismäßig trocken sind, ist das Gailtal durch seinen Schneereichtum im Winter bekannt.

Diese klimatische Grenzlage und der häufige Gesteinswechsel oft auf engstem Raum sind auch die Voraussetzungen für den Artenreichtum in der Pflanzenwelt, wie man ihn sonst kaum vorfindet. Während in den höheren Gebirgslagen die alpine Flora vorherrscht, treten im Talbereich neben den typischen mitteleuropäischen Arten auch Vertreter der pontischen und der mediterranen Flora auf. Besonders interessant ist das endemische Auftreten seltener Pflanzen, wie etwa der in Mitteleuropa nur am Gartnerkofel blühenden Wulfenia *(Wulfenia carinthiaca)* oder der in Österreich ebenfalls nur dort vorkommenden Schopfteufelskralle *(Phyteuma comosum* bzw. *Physoplexis comosa)*, im Volksmund „Schellanderia" genannt. Ebenso finden wir auch in der Tierwelt neben alpinen, mittel- und nordeuropäischen Arten Vertreter der pontischen und der mediterranen Fauna.

Die Grenzlage des Tales hat aber auch die Menschen hier besonders geprägt. An der Südgrenze des Gailtales grenzen nicht nur drei Staaten (Österreich, Italien, Slowenien) aneinander; hier berühren sich auch die drei größten Völkerfamilien Europas (Germanen, Romanen, Slawen). Man kann das Gebiet geradezu als eine „ethnographische Drehscheibe Europas" bezeichnen.

Politisch gliedert sich das Gailtal in die Gemeinden Kötschach-Mauthen, Dellach, Kirchbach, Hermagor - Pressegger See, St. Stefan, Nötsch, Feistritz, Hohenthurn, Arnoldstein und Finkenstein, wobei die letztgenannte nur zu einem Teil dem Gailtal zugerechnet wird und der andere Teil bereits zum Rosental gehört. Die fünf letzteren gehören zum politischen Bezirk Villach, die fünf ersteren bilden mit der Gemeinde Gitschtal und der Gemeinde Lesachtal den politischen Bezirk Hermagor.

Geschichtsforscher (Braumüller, Egger, Kranzmayer u. a.) haben nachgewiesen, daß in Kärnten vor der deutschen Einwanderung mindestens neun verschiedene Völker (Italiker, Illyrer, Veneter, Kelten, Römer, Goten, Langobarden, Awaren, Slawen) mehr oder weniger seßhaft oder zumindest anwesend waren. Dies gilt insbesondere auch für das Gailtal. Bodenfunde und uralte Fluß- und Bergnamen lassen auf eine mindestens 3000-jährige Siedlungskontinuität schließen (Gail, illyr. „Gailias" = die Überschäumende; Gitschtal, illyr.-kelt. „Kutissia" = Gegend der Ziegenhirten; Karnische Alpen, Kärnten, illyr.-kelt. „karant-", „karn-" = Fels, Stein). Aus der Jungsteinzeit gibt es Funde vom Kanzianiberg bei Villach und vermutlich auch von der Gurina ob Dellach i. G.; aus der Urnenfelderzeit (1200 - 800 v. Chr.) stammen vereinzelte Depot- und Streufunde aus mehreren Orten des Gailtales. Ausgrabungen und Funde von Frög im Rosental, von Warmbad Villach, von der Gurina und vom Siegelberg ob Grafendorf u. a. geben uns Kunde von der von den Illyrern getragenen Hallstattkultur (etwa 800 - 400 v. Chr.). Die Anwesenheit von Illyrern wird allerdings in jüngster Zeit von Historikern in Frage gestellt! Von den Venetern ist bekannt, daß sie den bereits in prähistorischer Zeit benützten Weg über den Plöckenpaß zu einer Straße ausbauten und auf der Gurina einen bedeutenden Bergbau betrieben. Von ihnen stammen auch die berühmten, bisher noch nicht entzifferten etruskisch-venetischen Inschriften auf Bronzeplättchen von der Gurina aus dem 2. oder 3. vorchristlichen Jahrhundert, welche die ältesten Schriftendenkmäler auf österreichischem Boden darstellen.

Um diese Zeit - etwa im 3. Jahrhundert v. Chr. wanderten auch die Kelten in diese Täler ein. Als Träger der La-Tene-Kultur betrieben auch sie einen regen Bergbau und hinterließen zahlreiche Spuren, wie etwa die Funde von Hermagor, Förk, Vorderberg, von der Derter Platte bei Dreulach und von der Gurina. Die antike Überlieferung nennt den hier siedelnden keltischen Stamm Ambilici (die am „Licus" = lat. Name der Gail, Wohnenden).

15 v. Chr. drangen - angelockt durch die reichen Bodenschätze - über den Plöckenpaß und durch das Kanaltal die Römer in das Land und besetzten auch das Gailtal. 60 Jahre später wurde Norikum - wie das Land in der Antike hieß - eine römische Provinz.

Die Römer bauten Straßen und errichteten Siedlungen und Stützpunkte auf keltischer Grundlage (Loncium = Mauthen, Meclaria = Maglern). Grabinschriften und andere Funde beweisen, daß es auch im Gailtal ein römisches Kulturleben gab. In den größeren Orten setzte eine starke Romanisierung ein; die Landbevölkerung dürfte davon jedoch weniger betroffen gewesen sein. Erstmalig kam durch die Römer auch das Christentum in unsere Täler. Die Reste einer frühchristlichen Kirche konnten am Hoischhügel bei Maglern freigelegt werden.

Nach vier vorwiegend friedlichen Jahrhunderten brachen dann die Stürme der Völkerwanderung auch über diese Täler herein. Das Gailtal gehörte einige Zeit dem Ostgotenreich Theoderichs d. Großen und später dem Langobardenreich an. Auch aus dieser Zeit gibt es

Bodenfunde, und nach einer alten Sage sollen sogar die Gailtaler langobardischer Herkunft sein. Um 590 n. Chr. wurde das meiste, was von der römischen Kultur und vom frühen Christentum die Völkerwanderung überdauert hatte, beim Einfall der Awaren und Slawen zerstört. Im Gefolge der Awaren drangen slawische Stämme bis ins Pustertal vor, was slawische Orts-, Berg- und Flurnamen in Kärnten und Osttirol bekunden.

Das Jahr 753 wird dann zu einem Markstein der neueren Geschichte. Die Bayern unter Herzog Odilo, vom Slawenherzog Boruth gegen ihre awarischen Unterdrücker zu Hilfe gerufen, vertrieben die Awaren und besetzten das Land. Kärnten kam so unter die Oberhoheit von Bayern. 788 wurde Kärnten und somit auch das Gailtal dem Frankenreich Karls des Großen einverleibt. Damit war das weitere Schicksal unseres Landes bis zur Gegenwart entschieden.

Mit der Landnahme durch die Bayern und Franken begann in den Tälern bald eine intensive Besiedelung, die bis dahin wohl nur sehr dünn gewesen war. Burgen und Schlösser wurden gebaut, Klöster gegründet, Bauern und Handwerker ins Land geholt. Zunächst waren es nur die günstigen Talböden, vor allem die Schwemmkegel der Seitenbäche, die hochwassergeschützten Terrassen in Talnähe, die Verkehrsknotenpunkte und die Bergbaugebiete, die besiedelt wurden. Erst im Hochmittelalter, im 11. und 12. Jahrhundert, wurden im Zuge der Binnenkolonisation auch die höher gelegenen Hangleisten gerodet und urbar gemacht. In die größeren Orte setzte damals ein verstärkter Zuzug deutscher Handwerker ein; es war ja die Zeit der Stadt- und Marktgründungen. Bereits 1288 wird Hermagor in einer Urkunde Markt genannt. Damit war die Besiedelung des Tales im großen und ganzen abgeschlossen.

Aus dem 11. und 12. Jahrhundert stammen auch die ältesten bekannten Urkunden des Gailtales. 1039 Risach im Gilitale = Reisach, 1169 Sanct Hermachor = Hermagor, 1183 Kinburch = Khünburg u. a.

Wo der deutsche Bevölkerungsanteil durch die neue Besiedlung stark überwog, wurde das Land bald rein deutsch; wo er schwächer war, konnte sich daneben auch die slowenische Mundart behaupten.

So wie die einst slawischen Siedlungen im heute rein deutschen Gebiet von der deutschen Mehrheit aufgesogen wurden, so vollzog sich im heute gemischtsprachigen Teil des Landes der umgekehrte Vorgang, sodaß die beiden Bevölkerungsanteile sich wohl sprachlich, aber abstammungsmäßig kaum unterscheiden. Diese Entwicklung verlief durchaus friedlich; Auseinandersetzungen zwischen den beiden Volksgruppen gab es so gut wie nicht. Im Gailtal beginnt das gemischtsprachige Gebiet südöstlich von Hermagor bzw. östlich des Pressegger Sees. Die zweisprachigen Menschen des Tales - in Kärnten seit jeher als „Windische" bezeichnet - sind genauso heimatverbunden wie ihre deutschen Landsleute. Im friedlichen Zusammenleben haben beide Volksgruppen in jahrhundertelanger Arbeit mit zähem Fleiß das ihnen anvertraute Land zu ihrer Heimat gemacht und diese in Notzeiten auch gemeinsam verteidigt.

Mit der Neubesiedlung erfolgte auch die Wiederchristianisierung. Karl der Große hatte 811 die Drau als kirchliche Grenze zwischen dem Erzbistum Salzburg und dem Patriarchat Aquileja festgelegt. Das Gailtal kam demnach unter die kirchliche Obhut von Aquileja, was sich u. a. auf die Wahl der Kirchenpatrone auswirkte. Noch in karolingischer Zeit dürften die ältesten Pfarren des Gailtales gegründet worden sein (St. Hermagor, St. Daniel, St, Stefan).

Sehr einflußreich war auch das Bistum Bamberg, das im Mittelalter im Gailtal reich begütert war. So war u. a. auch Villach (bis 1759) eine bambergische Stadt, und dem bambergischen Kloster Arnoldstein (gegr. 1106) unterstand lange Zeit die Pfarre St. Hermagor.

Im 15. Jahrhundert wurde Kärnten mehrmals durch die Türkeneinfälle heimgesucht. 1478 drangen die „Renner und Brenner" auch ins Gailtal vor, verwüsteten das Land und führten viele Gefangene weg. Auch Hermagor wurde in Schutt und Asche gelegt. Aus der Zeit kurz danach besitzen wir über das Tal eine einmalige bedeutende Geschichtsquelle. In den Jahren 1485-1487 bereiste im Auftrag des Patriarchen von Aquileja der Bischof von Caorle mit seinem Sekretär Paolo Santonino die Gebiete Kärntens südlich der Drau und somit auch das Gailtal, um hier die von den Türken geplünderten Kirchen neu zu weihen und um das kirchliche Leben neu zu ordnen. Santonino verfaßte über diese Visitationsreise ein ausführliches Tagebuch, das uns einen tiefen Einblick in das Leben der Menschen in dieser Zeit gewährt.

Die Reformation machte auch vor den Tälern nicht halt. Es waren vor allem aus Sachsen eingewanderte Bergknappen, welche die neue Lehre ins Land brachten. Auch das Gailtal war sehr rasch protestantisch geworden; in den Kirchen wirkten protestantische Prediger, unterstützt vor allem vom Adel. Durch die nach dem Augsburger Religionsfrieden von 1555 mit großer Härte einsetzende Gegenreformation gelang es jedoch den habsburgischen Landesherren, einen großen Teil der Bevölkerung wieder zum katholischen Glauben zurückzuführen, nachdem viele das schwere Los der Auswanderung auf sich genommen hatten.

In manchen Orten, vor allem aber in abgelegenen Gebieten, konnte sich der evangelische Glaube über sechs Generationen heimlich halten, bis durch das Toleranzpatent Kaiser Josefs II. (1781) die freie Religionsausübung gestattet wurde. So gibt es im Gailtal und im Gitschtal auch heute noch neben rein katholischen Gemeinden Orte mit überwiegend evangelischer Bevölkerung (Weißbriach, Rattendorf, Agoritschach u. a.).

Wie im Mittelalter wurde das Tal auch in den letzten Jahrhunderten von manchem Unheil heimgesucht. Feuersbrünste (Hermagor 1726 und 1904), Überschwemmungen durch die wilde Gail und deren Nebenbäche, andere Naturkatastrophen und nicht zuletzt Kriege fügten den Menschen immer wieder schweres Leid zu. 1809 wurde im Zuge der napoleonischen Kriege auch das Gailtal von den Franzosen besetzt und kam mit ganz Oberkärnten zum Königreich Illyrien. Erst durch die siegreichen Kämpfe von 1813 bei Hermagor wurde das Tal von der Fremdherrschaft befreit. Denkmäler und Feldkreuze erinnern noch an diese schwere Zeit.

Im 1. Weltkrieg wurde das Gailtal nach der Kriegserklärung Italiens im Mai 1915 zum Frontgebiet. Der Karnische Hauptkamm, vor allem die Berge um den Plöckenpaß, waren zwei Jahre lang heiß umkämpft; Kötschach und andere Orte wurden von der italienischen Artillerie mehrmals beschossen. In den schneereichen Wintermonaten forderte der Lawinentod zahlreiche Opfer. Heldenfriedhöfe im Tale und auf den Bergen künden von diesem Geschehen. Die Stellungen beiderseits des Plöckenpasses wurden in den letzten Jahren teilweise wieder instandgesetzt und vom Verein „Dolomitenfreunde" als „Friedenswege" für Besucher zugänglich gemacht. Auch durch das sehenswerte Plöckenmuseum in Kötschach will der Verein die Erinnerung an die vielen Opfer wachhalten und uns mahnen, daß so etwas nie wieder geschehen möge.

Der 1. Weltkrieg war kaum zu Ende, als das Land erneut bedroht wurde. Der aus den Trümmern der Österreichisch-Ungarischen Monarchie neu entstandene SHS-Staat, das spätere Jugoslawien, versuchte mit Gewalt, Teile Kärntens an sich zu reißen. Durch den Kärntner Abwehrkampf in den Jahren 1919-1920, an dem Freiwillige aus dem Gailtal durch die Befreiung von Arnoldstein maßgeblich beteiligt waren, konnte schließlich die Volksabstimmung vom 10. Oktober 1920 erreicht werden, deren glücklicher Ausgang die Einheit Kärntens und seinen Verbleib bei Österreich besiegelte. Schmerzlich hingegen war der Verlust des Mießtales und des benachbarten Kanaltales, welche nach dem Diktat von St. Germain an Italien fielen. Anläßlich der Zehnjahresfeier der Kärntner Volksabstimmung wurde neben anderen Märkten Kärntens auch Hermagor 1930 zur Stadt erhoben.

Die Zwischenkriegszeit war auch im Gailtal gekennzeichnet von der Wirtschaftskrise mit großer Arbeitslosigkeit und politischen Unruhen. Der 2. Weltkrieg brachte neues Leid. Auch Hermagor und andere Orte wurden von Fliegerangriffen nicht verschont. Kriegerdenkmäler in allen Gemeinden künden von dem hohen Blutzoll, den die damalige Jugend an den Fronten Europas entrichten mußte.

Nach dem 2. Weltkrieg setzte bald ein gewaltiger Aufschwung ein. Die Kriegsschäden wurden nach und nach beseitigt, und überall regte sich neues Leben. Waren bis vor wenigen Jahrzehnten noch die Landwirtschaft und - durch den Waldreichtum - vor allem die Forstwirtschaft die bedeutendsten Lebensgrundlagen des Tales, so entwickelte sich in jüngster Zeit der Fremdenverkehr zum wichtigsten Wirtschaftszweig. Durch den Ausbau der Infrastruktur, den Bau von Hotels und Feriendörfern, Liften, Bädern und anderen Freizeiteinrichtungen und die Errichtung von Campingplätzen stieg die Zahl der Nächtigungen sprunghaft an. Schwerpunkte bilden vor allem die Stadtgemeinde Hermagor mit dem Pressegger See - der „Badewanne des Gailtales" - und die Marktgemeinde Kötschach-Mauthen. Aber auch die anderen Gemeinden des Tales haben sich zu gerne besuchten Fremdenverkehrsorten entwickelt. Alpine Schutzhütten und bewirtschaftete Almen, die z. T. auf Güterwegen auch mit Kraftfahrzeugen erreichbar sind, erleichtern Wanderungen und Hochtouren in der herrlichen Bergwelt der Karnischen und der Gailtaler Alpen. Eine besondere Attraktion ist der Geo-Trail, ein geologischer Lehrpfad entlang des Karnischen Hauptkammes, der, ergänzt durch zahlreiche Schautafeln, einen tiefen Einblick in die mehrere hundert Millionen Jahre alte Gesteinswelt dieses Gebirgszuges ermöglicht. Durch die großzügige Erschließung des Naßfeldgebietes - der „Karnischen Schiregion" - wurde hier das bedeutendste Wintersportgebiet Kärntens geschaffen.

Aber auch Rückschläge blieben dem Tale nicht erspart. Trotz Gailregulierung und Wildbachverbauung ist die Hochwassergefahr auch heute noch nicht völlig gebannt, was die letzten großen Katastrophen von 1965 und 1966 vor Augen führten. Doch Fleiß und zäher Wille der Gailtaler haben auch diese Schicksalsschläge immer wieder überwunden und durch eine glückliche Synthese von Althergebrachtem mit den Erfordernissen der modernen Zeit blieb das Tal als ein lebenswertes Stück Heimat erhalten.

Auch auf kulturellem Gebiet kann sich das Tal durchaus sehen lassen. Daß der Gailtaler trotz seines harten Daseinskampfes schon immer einen Sinn für das Schöne besaß, zeigen uns u. a. viele erhaltene Bauten, vor allem Kirchen, Kapellen, Burgen und Bildstöcke, von der Romantik über die Gotik und dem Barock bis in die jüngste Zeit. Einen umfassenden Überblick über das kulturelle Leben unserer Vorfahren bietet uns das Gailtaler Heimatmuseum im Schloß Möderndorf bei Hermagor.

Lebendiges Brauchtum hält die Tradition und das Erbe unserer Väter wach. Von den vielen Volksbräuchen seien hier nur das Kufenstechen und der Lindentanz zu den Kirchtagen im Unteren Gailtale erwähnt, die heute noch wie vor Jahrhunderten gepflogen werden. Dabei werden mit Stolz die alten Trachten getragen, die in jedem Talabschnitt ihre besonderen Eigenheiten aufweisen und zu den schönsten im Lande zählen.

Daß die Volkskultur auch heute noch lebendig ist und sich sogar eines neuen Aufschwungs erfreut, beweisen aber auch die vielen Trachten-Musikkapellen, die es fast in allen Orten gibt und deren manche weit über die Grenzen unseres Landes hinaus bekannt sind. Ebenso haben die meisten Orte auch ihren Gesangsverein bzw. ihre Chorgemeinschaft, und so trägt auch das Gailtal dazu bei, daß Kärnten als das „Land der Lieder" bekannt ist und bleibt.

Aber nicht nur das gesungene, auch das gesprochene Wort wird gepflegt. In der Gailtaler Mundart haben sich infolge der langen Abgeschlossenheit des Tales viele Eigenheiten erhalten, die anderswo längst verlorengegangen sind. Die Mundart ist zwar typisch kärntnerisch, doch ist der Einfluß des nahen Tirol unverkennbar, wenn der Gailtaler etwa „bischt, häscht, kimmscht" usw. sagt. Vorsilben und Endungen in Wörtern wie „gemächt, genuag, gewesn" bzw. „Gaile, Stråße, Brugge" usw. werden voll ausgesprochen. Auch haben sich in der Gailtaler Mundart zahlreiche Ausdrücke aus dem Mittelhochdeutschen erhalten, z. B. „Onewend" für Ackerrain, „kauln" für bellen, „Långas" für Frühling u. a. m. In jüngster Zeit haben sich mehrere Gailtaler Mundartdichter und -dichterinnen zu einem „Gailtaler Literaturkreis" zusammengeschlossen, in dessen Rahmen sie sich mehrmals im Jahr treffen und Erfahrungen austauschen. Darüber hinaus wird das gesprochene Wort auch in einigen Theatergruppen gepflegt.

Im Bereich der bildenden Kunst ist vor allem der weit über Kärnten hinaus bekannte „Nötscher Kreis" zu erwähnen, in dem anerkannte Maler Hervorragendes geleistet haben. Aber auch außerhalb dieser Gruppe gibt es talauf und talab mehrere begabte Maler und Bildhauer. Der erst 1995 vom „Kulturkreis Hermagor" und vom „Kreativzentrum Schloß Mandorf aufgelegte „Kulturführer Region Gailtal" weist eine lange Reihe von künstlerischen Tätigkeiten und eine Fülle von kulturellen Aktivitäten auf. Es würde den Rahmen dieser kurzen Einleitung sprengen, wollte man auch nur annähernd auf all die Vielfalt, die das Gailtal dem interessierten Besucher bietet, näher eingehen.

Viele der unzähligen Naturschönheiten, Sehenswürdigkeiten und Kulturdenkmäler des Gailtales hat Gabriel Stabentheiner mit dem geschulten Auge eines hervorragenden Fotografen aufgespürt und mit seiner Kamera in dem hier vorliegenden Bild- und Textband festgehalten. Mögen seine prachtvollen Aufnahmen Einheimische und Gäste erfreuen und anregen, das Gailtal noch besser als bisher mit offenen Augen kennenzulernen.

Arnold Ronacher

Gailtaler Jägermarsch
v. Thomas Koschat (Op.44, Originaltext)

1. Halli! Hallo! Heunt gibt's in Kirchbåch Jågd!
   Halli! Hallo! Sobåld der Murgen tågt!
   Halli! Hallo! Håsst's Büchserl in die Hånd!
   Halli! Hallo! und 'nauf zur „grauen Wånd"
   Halli! Hallo! Mirkt's auf, wo jeder steht!
   Halli! Hallo! Der Pfårrer dick und fett!
   Halli! Hallo! Der kumt af's End' vom Wåld,
   Halli! Hallo! zum Kreuzweg auf der Vålt!

2. Juhe, durt springt schon wås in d'Höh,
   zwa glüah'nde Augen håt's,
   'leicht is a wilde Kåtz? Wås fållt enk ein?
   s'werd schier a Rehbock sein!
   Hiaz Buabmen seid's beinånd',
   sunst reisst's uns aus, dö Schånd!
   Element, då schaut's wia's Luada rennt,
   He Mich'l, schlag g'schwind ån,
   du bist der Nächste drån.
   Piff! Paff! Juhe!
   Då liegt's dås schönste Reh,
   dås wår a Meisterschuss,
   der Michel, Fix - hoch! Huisahuss!

3. Von obern Wåssafåll, då hållt a Gruass in's Thål,
   er gilt der lieben Braut, die ängstlich auferschaut,
   als ob sie sågn wollt: „åch Gott, wia's Bluat mir rollt!
   håst dir wohl heunt ka Schånd nit g'holt?"
   O du mei Freud mei Glück, versteh gånz guat dein Blick!
   schau her wia's Herz mir låcht, håb dir ka Schånd nit g'måcht.
   Mei erster Schuss der knållt und's schönste Böckle fållt!
   I hoff, dås werd mit Busslan zåhlt.

5. Halli! Hallo! A Huat mit Federn drauf!
   Halli! Hallo! A G'wehr mit blånken Lauf!
   Halli! Hallo! A Herz voll frisch'n Muath!
   Halli! Hallo! Dås steht an Jaga guat.
   Halli! Hallo! Frisch, lustig, frech und froh!
   Bei uns werd zwafåch 'zielt,
   af's Diandle und af's Wild.
   Halli! Hallo! Mir sein hålt schon a so,
   uns g'hört die gånze Welt,
   war's nit a so, war's g'fehlt!
   Halli! Hallo! - Halli! Hallo! Hallo!

4. Tralalalala, tralalalala, Juh! Tralalalala!
   A dreifåchs „Hoch" dem Kaiser und sein' Haus!
   Tralalalala, tralalalala, Juh! Tralalalala!
   Hoch! Hoch! tönt's über die Berg hinaus! Hurah!
   Tralalalala, tralalalala, Juh! Tralalalala!
   A dreifåch's „Hoch" dem schönen Kärntnerlånd
   Tralalalala, tralalalala, Juh! Tralalalala!
   Hoch! Hoch! dem feschen Jagastånd! Hurah!

An den Entstehungsort des obigen Liedes erinnert die unten abgebildete Tafel an der Außenwand des Gasthofes Engl in Kirchbach. Sie dokumentiert ein denkwürdiges Treffen zu Beginn der Achtzigerjahre des 19. Jhdts. Der begeisterte Jäger und als Kärntner Liederfürst bekannte Thomas Koschat weilte öfters in Kirchbach und traf sich nach den Jagdgängen abends mit seinen Freunden aus der Kirchbacher Sängerrunde, die auch zum Teil Jäger waren, im Gasthof des Peter Berger (heute Engl) und bei Kartenspiel und Jägerlatein entstand wohl öfters eine gemütliche Runde. Nach der Erzählung kam es im Extrazimmer des Gasthauses zum denkwürdigen Ereignis, wo aus einer Jagdstimmung heraus der „Gailtaler Jägermarsch" entstand. Beteiligt war auch der Pfarrer Koller, der beim Texten mithalf und der Oberlehrer Georg Sepper als Schriftführer. Thomas Koschat, der damals schon der bedeutendste Sänger und Komponist von Liedern im Kärntner Volkston war, schrieb die Melodie dazu. Die feuchtfröhliche Stimmung kann man förmlich aus dem Text herauslesen, wo in launiger Art die einzelnen Vorkommnisse des Jagdtages aufgelistet sind. Einige Textstellen wurden später diskret leicht abgeändert. Diese „Gailtaler Nationalhymne" ist heute noch Teil des gesanglichen Repertoires bei Kärntner Chören und Singgemeinschaften und wurde auch für Blasmusikkapellen arrangiert.
Auf Anregung von Frau Gretel Prazsky aus Klagenfurt, einer Urenkelin jenes Peter Berger, in dessen Gasthaus das musikalische Werk entstanden ist, wurde am 12. Juli 1991 die Erinnerungstafel enthüllt.

Das Tal im Überblick

Das große Bild zeigt auf einen Blick die ganze Talschaft des Gailtales, das links von den Gailtaler Alpen und rechts von den Karnischen Alpen begrenzt wird.

Bild unten links: Der Gailfluß (in alten Karten auch als „Lesachbach" benannt) verabschiedet sich mit einer letzten Schleife von der engen Lesachtalschlucht, bevor er ins breite Gailtal einfließt. Das Bild unten rechts zeigt den sogenannten „Gailspitz", *„wo unterhalb der Stadt Villach die Gail in die Drau mündet, so ihren Namen verliert, indem der Fluß von da ab nur mehr Drau heißt"*, wie es Santonino in seinem Reisebericht von 1485 – 1487 beschreibt.

Morgenröte über dem Gailtal.

Im Tal ein Nebelmeer, in höheren Lagen spätherbstliches Schönwetter.

Marktgemeinde
Kötschach - Mauthen

Die Marktgemeinde **Kötschach - Mauthen** ist mit rund 3700 Einwohnern die drittgrößte Gemeinde des Gailtales und liegt an dessen westlichem Ende, an der Kreuzung der Gailtal- und der Plöckenstraße. Sie setzt sich seit 1973 aus den ehemals selbständigen Gemeinden Kötschach, Mauthen, Würmlach und St. Jakob im Lesachtal zusammen und erstreckt sich mit einer Ausdehnung von 154,48 km² vom Plöckenpaß im Süden bis zum Gailbergsattel im Norden. Zum Verwaltungsbereich gehören neben den genannten Hauptorten die Ortschaften Podlanig, Strajach und Gentschach im Lesachtal, weiters die Orte Laas und Weidenburg, sowie mehrere Weiler und Siedlungen, die an den Hängen und Terrassen bis über 1000 m liegen. Das Gebiet der ehemaligen Gemeinde St. Jakob gehört verwaltungsmäßig zwar zur Großgemeinde Kötschach-Mauthen, da es aber geografisch zur Talschaft des Lesachtales zählt, wurde dieser Bereich bereits im 1. Bildband „Lesachtal" der Buchreihe **„Eine Talschaft - drei Namen"** vorgestellt.

Zur Franzosenzeit wurden die Gebiete von Würmlach mit Weidenburg und der Bereich von Unterlesach mit St. Jakob und Birnbaum zur Großgemeinde Mauthen vereinigt. 1882 erfolgte dann die Abtrennung des Lesachtaler Gebietes und 1900 schied auch Würmlach mit Weidenburg aus dem Gemeindeverband wieder aus. Kötschach erhielt im Jahre 1851 eine demokratische Gemeindeverwaltung und 1850 wurde auch ein Bezirksgericht eingerichtet, welches bis in die 70er Jahre unseres Jhdts. bestehen blieb. Bis zum Jahre 1958 waren Kötschach und Mauthen zwei selbständige Gemeinden, worauf dann in diesem Jahr beide Orte zur Marktgemeinde Kötschach - Mauthen zusammengeschlossen wurden. 1973 erfolgte dann die Erweiterung zur heutigen Großgemeinde.

Waren die früher selbständigen, links und rechts der Gail liegenden Orte Kötschach und Mauthen auch geografisch getrennte Einheiten, so bilden sie infolge der wirtschaftlichen und baulichen Entwicklung heute einen fast geschlossenen Siedlungsraum. Die wirtschaftlichen Schwerpunkte liegen zum einen in der Land- und Forstwirtschaft und im Kleingewerbe und zum anderen im Tourismus und etwas Kleinindustrie. Infolge der seit jeher günstigen Lage als Kreuzungspunkt zweier Verkehrswege und als Einzugsgebiet für das Lesachtal und obere Gailtal, hat sich die Marktgemeinde zu einem mit guter Infrastruktur ausgestatteten Mittelpunkt dieses Raumes entwickelt.

Ein Denkmal in Form einer Büste für die bedeutende Mauthner Persönlichkeit aus dem 19. Jhdt., Oswald Nischelwitzer (1811-1894), steht neben der Straße an der nördlichen Ortseinfahrt von Mauthen. Der über drei Jahrzehnte als Bürgermeister wirkende Agronom und Politiker war der Initiator der Gailregulierung und als Mitglied des Kärntner Landtages und des Reichsrates politisch tätig. Mit der Verwaltung der fürstlich Porciaschen Güter in Kärnten und als Vizedom mit der Oberaufsicht über die Güter der Grafschaft Ortenburg in Kärnten und Krain betraut, erwarb er sich große Verdienste und wurde dafür mehrfach ausgezeichnet.

Das obere Gailtal mit Kötschach - Mauthen

Der Plöckenpaß (it. Monte Croce = deutsch Kreuzberg) ist einer der wichtigsten Alpenübergänge zwischen Nord und Süd. Funde belegen, daß der Paß schon in prähistorischer Zeit von den Venetern als Verbindungsstraße zu den Bergbaugebieten im Gailtal genutzt wurde. Dies belegen die, von dem bekannten Althistoriker und Nobelpreisträger Theodor Mommsen (1817 - 1903) auf den Würmlacher Wiesen an der alten Plöckenstraße entdeckten, in venetischen Schriftzeichen abgefaßten Felsinschriften aus dem 4. Jahrhundert v. Chr., die sich heute im Landesmuseum in Klagenfurt befinden. Auch die Kelten dürften bei ihrem Vordringen in den oberitalienischen Raum den Weg über den Plöckenpaß genommen haben. Felsinschriften am Südhang des Passes besagen, daß 373 nach Chr. der weströmische Kaiser Valentinian I. einen Weg eröffnete, *„Wo Menschen und Tiere nur mit Gefahr verkehren konnten"*. Es wird angenommen, daß dieser Kaiser namengebend für das Gebiet rund um das Valentintal war. Andere Erklärungen wollen den Namen aus dem slawischen *voletina* = Kleinochsenalm, oder mit dem rom. *vallis* = Tal begründen. Daß bereits Julius Cäsar eine Straße über den Plöcken gebaut haben soll, (Cäsar-Straße Via Julia Augusta) wird seit einiger Zeit nicht mehr als sehr wahrscheinlich angenommen. Andere Römerinschriften im Bereich Plöckenpaß nennen u.a. römische Zollbeamte, ein Beweis dafür, daß über den Paß ein lebhafter Warenverkehr zwischen Italien und Norikum bestanden hat. Der Name „Kreutzberg" taucht erstmals in einer Urkunde Kaiser Friedrichs vom 16. Nov. 1184 anläßlich einer Mautverleihung in Gemona (It.) auf (inter Montem Crucis et Glomun), und die heutige Bezeichnung „Plöcken" wird in einer Urkunde vom 13.11.1489 erwähnt, wo Kaiser Friedrich III. dem *„Hannsen zu Pleckchen auf dem Crewczperg"* und dessen Erben *„das haws daselbs ze Pleckchen, darauf er yetzt sitzt und mit dem er zu unserm gesloss Goldenstein gehört"*, das Kaufrecht verliehen hatte. Der in diesem Buch mehrmals angeführte Sekretär des Patriarchen von Aquileia, Paolo Santonino, beschreibt in seinen Reiseaufzeichnungen, wie er als Reisebegleiter des Bischofs von Caorle am 1. Okt. 1485 von Timau aus auf den Kreuzberg stieg. *„Dieser hat einen Anstieg und einen Abstieg von fünf Meilen* (= à 1800 m), *ist schwer zu passieren, steil und felsig und auf jede Art für Menschen und Tiere unwegsam. Auf diesem Berge gibt es eine Inschrift in den Felsen eingemeißelt und von der Zeit so verwittert, daß man sie nicht lesen kann"* (siehe Römerinschriften oben). Der Paßübergang hat seine Bedeutung als Handelsweg zwischen den Völkern von der Antike bis in die Zeit des Nord-Süd-Tourismus nie verloren. Seit 1866 gab es am „Monte Croce Carnico" Grenzkontrollen. Diese geschichtsträchtige Ära des Plöckenpasses ging mit 31. Dezember 1997 zu Ende. Der 1. April 1998 wird als historischer Tag in die europäische Geschichte eingehen. An diesem Tag wurde der letzte Grenzstempel als Souvenir in einen Reisepaß gedrückt, seither gibt es auf Grund des sogenannten „Schengen-Abkommens" auch am Plöckenpaß keine Grenzkontrollen mehr. Als Fluchtweg von der nachrückenden englischen Besatzungsmacht, erhielt der Plöckenpaß mit Ende des 2. Weltkrieges für etwa 40.000 Kosaken tragische Bedeutung. Die für die Besatzer wenig ruhmreiche Geschichte des Kosakenvolkes in den Endlagern im Drautal und bei Lienz in Osttirol ist heute noch nicht vergessen.

Zur Zeit der Vorbereitungen für dieses Buch erfolgt der wintersichere Ausbau der Plöckenstraße und seit 1998 drehen sich am Plöckenpaß die Flügel des ersten in dieser Höhenlage gebauten Windkraftwerkes in Europa.

Zu den Bildern: Der Grenzübergang am Plöckenpaß und die romantisch ausgebaute Paßstraße auf italienischer Seite, über die man T i m a u (dt. Tischlwang), den ersten Ort südlich der Grenze, erreicht.

Dieser Ort ist eine deutsche Sprachinsel, deren Zugehörigkeit zum ehemaligen Gebiet der Grafen von Görz in Kärnten eine Urkunde vom 12. Jänner 1342 belegt. Ebenfalls scheint Tischlwang schon zwischen 1374 und 1385 in einem Urbar (Güterverzeichnis) unter den Görzer Gütern auf und 1450 wird das *Dorf Desshitwang* (Tischlwang), jenseits des Kreuzberges, als den Grafen von Görz zum Schlosse Weidenburg zugehörig genannt. Auch kirchlich scheint Tischlwang ursprünglich dem Gailtal zugehörig gewesen zu sein, denn eine etwas merkwürdig anmutende Überlieferung besagt, daß die Toten einst in die ehemalige Urpfarre St. Daniel im Gailtale zur Beerdigung gebracht worden seien. Aus alten Überlieferungen kann geschlossen werden, daß die Besiedelung des oberen Buttales (Canale di S. Pietro) durch Ansiedler aus Kärnten erfolgt sein könnte, die als Bergleute dort die Silber- und Bleivorkommen abbauten. In letzter Zeit sind wieder stärkere Bestrebungen vorhanden, das deutsche Kulturgut (Dialekt und Brauchtum) zu fördern und zu erhalten.

Kötschach - Mauthen (700 m)

am westlichen Ende des Gailtales mit den Berggipfeln der Karnischen Alpen.

Der Grenzort Mauthen blickt auf eine rund 2000 jährige Geschichte zurück. Im Bereich des Ortes lag an der römerzeitlichen Straße über den Plöckenpaß die antike Straßenstation **Loncium**. Als wichtige Mautstelle wird der Ort 1276 erwähnt. Als Ludwig der Bayer im Jahre 1328 mit seinem Heer über den Plöckenpaß nach Rom zog, wo er zum Kaiser gekrönt wurde, machte er in Mauthen eine längere Rast. Der Ort stellte für Kaiser Karl V. eine größere Anzahl Soldaten zur Verfügung und erhielt dafür 1524 das Marktrecht. Mauthen ist somit der zweitälteste Markt des Gailtales. Zu dieser Zeit war eine Mauthner Familie mit dem Transport von Handelsgütern mittels vieler Pferde und Tragtiere von Venzone in Italien bis Mittersill im Salzburgischen beschäftigt. Ein noch als Ruine vorhandener spätantiker Befestigungsturm, der zur Sicherung des Paßüberganges am Plöcken diente, steht auf dem Kirchenhügel von „Maria Schnee" oberhalb des Ortes Mauthen.

In Kötschach (*Chotzau*) ist ein görzisches Amt im Jahre 1307 nachweisbar und ein **Hans v. Chaeczaw** als Richter *„ab der Maut"* 1375 urkundlich bezeugt. Ebenfalls erwähnt eine Urkunde aus der selben Zeit den Ort als *„Cotschaw"*, friul. *„Chiaties"*, aus dem keltischen *„Catissia"* = befestigter Wohnsitz, (Pohl). Diese Bezeichnungen weisen den Namen aber viel älter aus, als es die Urkunden bezeugen. Obwohl Kötschach schon 1793 von Kaiser Franz II. vier Jahrmärkte verliehen bekam, erfolgte die offizielle Erhebung zum Markt erst im Jahre 1930.

Kötschach-Mauthen im Winter mit Blick zu den Karnischen Bergen.

Für die kalte Jahreszeit bietet Kötschach-Mauthen ein reichhaltiges Angebot an Sport- und Freizeitmöglichkeiten für die Urlaubsgäste und die einheimische Bevölkerung.

Präparierte Schipisten und mit dem Gütesiegel ausgezeichnete Langlaufloipen bieten abwechslungsreiches Wintervergnügen für Jung und Alt.

Bedeutende Schwerpunkte der Infrastruktur in der Gemeinde sind das seit 1971 bestehende Hallen- und Freibad in Kötschach und das 1996 neu eröffnete und zu einem Naturbad umgebaute ehemalige Waldbad in Mauthen.

An der Straße, die von Kötschach-Mauthen über den Gailbergsattel ins Drautal führt, liegt die Ortschaft **Laas,** bekannt durch die im Jahre 1939 als Lungenheilstätte eröffnete und inzwischen umgebaute und modernisierte „Klinik am Waldrand", heute als Landeskrankenhaus für alle internen Erkrankungen bekannt. Im Bereich des Gesundheitswesens deckt diese Anstalt einen wesentlichen Teil des Bedarfes für die ganze Region ab.

Über zwanzig namentlich noch bekannte Burgen und Schlösser gab es im Gailtal, von denen die ältesten bis in die Zeit Karls des Großen zurückreichen. Erfreulicherweise sind mehr als die Hälfte noch erhalten. Auf dem Gemeindegebiet von Kötschach-Mauthen befanden sich vor Jahrhunderten einige Burgen und Schlösser, von denen ein Teil nur mehr als Ruinen besteht. Eine davon ist die Burgruine Pittersberg auf einem isolierten Felskegel südlich des Gailbergsattels, die urkundlich 1252 erwähnt wird. Die damalige Burg, deren Verfall im 16. Jahrhundert begann, war der Sitz eines ausgedehnten Landgerichtes. Eine weitere ist die, mit der Legende von der weißen Burgfrau umwobene Burgruine Weidenburg in der Ortschaft Weidenburg bei Würmlach, die urkundlich 1255 mit einem Johannes de Waidberch genannt wird. Der Kauf der Burg durch Georg Khevenhüller ist mit 1571 belegt, bald darauf begann deren Verfall. Später erbaute und noch erhaltene Schlösser sind Schloß **Weildegg** (Waldegg) in Würmlach (Bild unten), welches laut Urkunde von 1537 von Hieronymus Weilandt erbaut wurde, das urkundlich 1615 genannte Schloß **Weidenburg** (Bild oben) unterhalb der Burgruine und Schloß **Manndorf** östlich von Kötschach (Bild mitte).

Das derzeit noch bewohnte und bewirtschaftete Schloß Manndorf blickt auf eine reiche Geschichte zurück und war für das obere Gailtal und das Lesachtal durch lange Zeit von großer Bedeutung. Ein dem Kärntner Uradel entstammender Johannes von Manndorf erwarb als damaliger Pfleger von Pittersberg um 1500 den östlich von Kötschach gelegenen Gutshof „Edling" und benannte diesen in Anlehnung an seinen Namen in „Manndorf" um. Im Jahre 1502 übernahm der erste Sekretär und Buchhalter in der Hofkanzlei zu Innsbruck, Jakob Villinger, von Kaiser Maximilian die beiden Herrschaften Pittersberg und Goldenstein und übertrug Johann von Manndorf die Pflegschaft und die gesamte Verwaltung im neu erworbenen oberen Gail- und Lesachtal. Den Gutshof ließ er um 1520 zu einem Schloß umbauen, das heute noch in dieser Form erhalten ist. Hans Manndorfer war es auch, der, laut Überlieferung, ein zufolge eines Reitunfalles gemachtes Gelöbnis einlöste und 1514 den Bau der Kirche in Luggau im Lesachtal befohlen hatte. Eine diesbezügliche Inschrift befindet sich an der kleinen Ortskapelle in Oberring bei Liesing im Lesachtal. Das Schloß ist seit Beginn des 19. Jahrhunderts im Besitz der Familie Pichler, die es einschließlich der dazugehörigen Landwirtschaft bewirtschaftet. Seit 1995 ist darin ein Kreativzentrum für ein reichhaltiges Bildungs- und Kulturangebot eingerichtet.

Alle diese noch als Ruinen vorhandenen Burgen und die noch erhaltenen Schlösser sind ehrwürdige Zeugen der Geschichte des Tales. Es muß in anerkennenswerter Weise den Schloßherren und Besitzern, wie auch dem Schlössererhaltungsverein Kärnten der Dank der Öffentlichkeit ausgesprochen werden, die mit finanziellem und persönlichem Einsatz zur Erhaltung und zum Schutze dieser alten Adelssitze beitragen, um dadurch der Nachwelt Sinn und Verständnis für diese historischen Bauten weiterzugeben.

Die 1973 erfolgte Zusammenlegung der ehemals selbständigen Gemeinden machte ein zentrales Verwaltungszentrum für die neue Großgemeinde erforderlich. Mit dem Bau des neuen Rathauses wurde 1975 begonnen, die Eröffnung fand 1977 statt. Das Gebäude beherbergt in erster Linie die Verwaltung der Gemeinde einschließlich des Fremdenverkehrsbüros, weiters Notariat, Postamt, Forstaufsichtsstation, Jugendamt, Kaufhaus, Konditorei-Café, Feuerwehr, Arztpraxen u.a., sowie auch das Kriegsmuseum und Räumlichkeiten für diverse Veranstaltungen.

Am Marktplatz von Kötschach, gegenüber der Pfarrkirche steht das Forsthaus der Fa. Hasslacher. Das um die Mitte des 16. Jhdts. errichtete, ehemalige Pflegerhaus (Amtshaus - Landgericht) der Herrschaft Pittersberg wird an der Straßenfront von zwei wertvollen Wandgemälden geschmückt. Dargestellt sind ein Wappen mit der Jahreszahl 1713 und der Engelsturz ist mit 1814 bezeichnet.

An der alten Gailbergstraße, am Fuße des Pittersberges, liegt die Gebäudegruppe des sogenannten Blahauses, einer ehemaligen Schmelzanlage, bestehend aus Hochofengebäude, Kohlenbarren und Röstanlage, dessen südlicher Teil noch als Wohnhaus benutzt wird. Es wird vermutet, daß es sich dabei möglicherweise um ein Bauwerk aus dem 16. Jhdt. handelt, aus der Zeit des Hans Manndorf, der hier eine Eisenschmelze errichtete. Nach 1800 dürfte der Bau zu einer Hochofenanlage erweitert worden sein, die dann bis 1848 in Betrieb war. Der 27 m lange und 12 m breite Kohlenbarren ist als Ruine noch erhalten und dient zur Zeit als Sportschießstätte. Der Name Blahaus stammt aus dem mittelhochdeutschen „blaehus" = Hochofen.

Die prachtvolle gotische Pfarrkirche von **Kötschach**, die wegen ihrer Größe auch als „Gailtaler Dom" bezeichnet wird, ist in einer Pergamenturkunde aus dem Jahre 1399 das erstemal schriftlich erwähnt, in der von dem *„Gotshaws unserer frawn zu Chötschach"* berichtet wird. Die damalige Kirche wurde 1478 durch die Türken in Brand gesteckt und 1485 erfolgte die Neuweihe durch den Bischof Pietro Carlo von Caorle in Vertretung des Patriarchen von Aquileia, dem das Gebiet südlich der Drau seit der Entscheidung Karls des Großen im Jahre 811 kirchlich unterstand. Unter Einbeziehung vorhandenen Mauerwerks erfolgte der Neubau 1518 - 1527 durch den Baumeister Bartlmä Firtaler aus Innichen, der auch beim Bau der Kirchen von Laas bei Kötschach und Maria Luggau im Lesachtal genannt wird. Die Weihe der neuen Kirche erfolgte im Jahre 1542. Bis zur Erhebung als Pfarrkirche im Jahre 1627 war diese eine Filialkirche der Urpfarre St. Daniel und wurde 1712 von den Serviten aus Maria Luggau übernommen, die auch den angeschlossenen Klosterbau errichteten, der heute als Pfarrhof dient.

Das beeindruckende Äußere wie auch das Innere der Kirche veranlaßte schon im 17. Jhdt. den Villacher Archidiakon zu der Aussage, daß die Kötschacher Kirche von allen Kirchen im Gailtale die vortrefflichste, schönste, gottgefälligste und am reizendsten gelegene sei. Die dreischiffige, spätgotische Hallenkirche birgt eine Reihe wertvoller baulicher wie auch historischer Kostbarkeiten. Vom phantasievoll gestalteten Gewölberippenwerk der Langhaushalle über Barock- und Rokokoelemente der Kircheneinrichtung bis hin zu wertvollen Deckengemälden und alten Fresken reicht der Bogen des eindrucksvollen Gotteshauses.

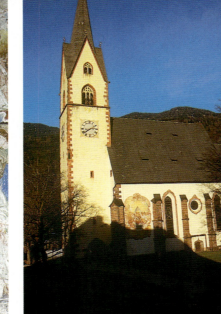

Bei Restaurierungsarbeiten im Jahre 1956 wurde an der nördlichen Chorschrägwand hinter dem Hochaltar der Kirche von Kötschach ein im Jahre 1499 vom Lienzer Maler Nikolaus Kentner geschaffenes, wertvolles Fresko freigelegt. Es zeigt in mehreren Reihen übereinander Tod und Aufnahme Mariens in den Himmel.

Die evangelische Kirche von Kötschach wurde im Jahre 1964 erbaut.

Schon aus dem Jahre 1327 wird berichtet, daß allen Gläubigen, die u.a. zum Unterhalt der Kirche von Laas beitrugen, ein 40-tägiger Ablaß gewährt wurde. Die Filialkirche der alten Pfarre St.Daniel hatte also schon im 14. Jhdt. bestanden. Mit der Erhebung Kötschachs zur Pfarre wurde Laas offiziell der neuen Pfarre als Filiale zugeteilt.

Der spätgotische Bau der Kirche zum hl. Andreas in **Laas** wurde zwischen 1510 und 1535 von *meister Partolome firthaler* aus Innichen errichtet. Das Äußere der Kirche wird von den phantasievoll gestalteten Strebepfeilern aus Laaser Sandstein beherrscht. Bemerkenswert im Inneren der Kirche ist die Langhauswölbung mit einem dichten Netz aus dekorativen Schlingrippensternen, sowie eine Reihe gemalter Wappen, u.a. der Familien Mandorf, Weißbriach, Khevenhüller und die Landeswappen von Kärnten, Niederösterreich, Gradisca und Tirol und dem österreichischen rot-weiß-roten Bindenschild. Das Bauwerk war seinerzeit eine Wehrkirche.

An der südseitigen Außenwand der bereits 1466 urkundlich genannten Kirche von **Mauthen** befinden sich sehenswerte Wandmalereien. Sie zeigen in der Renaissancearkade (links) den Schmerzensmann mit zahlreichen Handwerkszeichen (sog. Sonntags- od. Handwerkschristus), in der rechten Arkade Darstellungen vom Tod Mariens, neben zwei kleineren Bildern eine große Christophorusdarstellung. Die Jahreszahl 1514 weist auf die Entstehung der Malereien hin.

Die Pfarre Mauthen wird in einer Urkunde vom 27. 8. 1466 erstmals genannt, in der eine Hube in einem heute nicht mehr bekannten Ort in der *Mauthner Pfarr* erwähnt wird. In anderen Unterlagen (Dehio) wird Mauthen seit 1525 als Pfarre genannt.

Auf einem Fußweg mit den Kreuzwegstationen erreicht man die auf einem Hügel oberhalb des Ortes stehende Filial- u. Wallfahrtskirche „Maria Schnee", deren Erbauung mit 1710 - 1720 angegeben wird (ohne Bild).

Gemeinde Dellach

Auf einem flachen Schwemmkegel liegt das Haufendorf **Dellach** mit Sitz der gleichnamigen Gemeinde, zu der die Orte St. Daniel, Leifling, Wieserberg, Nölbling, Stollwitz, Goldberg und einige Kleinweiler, einschließlich der vorrömischen Siedlung Gurina, gehören, die von der Tallage in 670 m bis in Höhen von 1100 m angesiedelt sind. Die rund 1400 Einwohner zählende und 36,17 km² große Gemeinde ist vorwiegend landwirtschaftlich orientiert, wobei auch das Gewerbe und der Fremdenverkehr eine bedeutende Rolle spielen. Teile des heutigen Gemeindegebietes sind uralter Kulturboden. Bedeutende Bodenfunde weisen darauf hin, daß eine Besiedelung mindestens bis zum Beginn der Eisenzeit (etwa 800 v. Chr.) zurückreicht. Für die Gründe der frühen Besiedelung wird einerseits der Bergbau und andererseits die günstige Verkehrslage nahe dem Plökkenpaß zwischen den Salzbergbauzentren der Nordalpen (Hallein, Hallstatt) und Oberitalien angenommen, was Funde wie nordetruskisch-venetische Inschriften belegen, die zu den ältesten Schriftdenkmälern Österreichs zählen.

Im oberen Gailtal spielte der Bergbau von urgeschichtlicher Zeit bis in die zweite Hälfte des 19. Jahrhunderts eine bedeutende Rolle. So war Dellach Mittelpunkt der Gailtaler Kupferproduktion, an der auch die Augsburger Handelsherren, die Fugger, beteiligt waren. Es wird berichtet, daß Prinz Eugen „der edle Ritter" mit Kanonenkugeln aus Dellach die starke Festung Belgrad eroberte (1716/17). St. Daniel war bis in die Anfänge des 17. Jhdts. für das oberste Gailtal und das Lesachtal die Urpfarre. Im Lesachtal weiß man noch heute zu erzählen, daß damals samstags um 11 Uhr in den einzelnen Orten die Glocken zum „Feierabendläuten" oder „Antlafaläuten" (= Elferläuten) ansetzten, das die Bewohner zur Beendigung der Arbeit und zur Vorbereitung für den weiten zweitägigen Kirchgang nach St. Daniel aufrief.

Als etwas herausragend beschrieb schon Santonino das Dorf Dellach, wenn er meinte, daß darin *„schön gemauerte Häuser und mehr Herdstellen als in Mauthen"* seien.

Dellach ist auch der Geburtsort vom Vater des bekannten österreichischen Volksschauspielers Paul Hörbiger. Der Bahnhof von Dellach diente 1992 als Kulisse für den bekannten Heidi - Film.

Diese Luftaufnahme zeigt den obersten Abschnitt des Gailtales gegen Westen. Im Vordergrund die Orte Griminitzen, Gundersheim und Grafendorf. Im Mittelteil Dellach mit Leifling und weiter westlich St. Daniel. Am Ende des flachen Tales liegt der Gemeindebereich von Kötschach-Mauthen. Links hinten erkennt man das enge Lesachtal und rechts davon erhebt sich die Gebirgsgruppe der Lienzer Dolomiten. Links im Bild das Öltanklager der Adria - Wien - Pipeline.

Am Fuße der Gailtaler Alpen, angeschmiegt an den Südhang des Jaukengebirges, liegen die beiden Orte **Dellach** (rechts) und **St. Daniel** (links) mit einigen Kleinweilern an den Waldhängen oberhalb der Talsohle, wo auch die Ruine der ehemaligen Feste Goldenstein steht. Die älteste Nachricht über die „*Goldburg*" stammt vom 30. 4. 1227, worin es heißt: „*Der werde Fürst uz Kerndenland gewan do bi derselben naht mit seiner math ein huz, hiez Goldperc, daz ist war, daz hiez er nider prechen gar*". Nach dieser ersten Zerstörung wurde die Burg wieder aufgebaut, um dann 1459 im Kampf der Görzer Grafen mit den Habsburgern zum zweitenmal zerstört zu werden. Wieder instand gesetzt und bewohnt begann ab 1528 der Verfall, aus welcher Zeit die letzte Nachricht vorliegt. Der bereits genannte Pfleger von Pittersberg Hans Mandorf war zu dieser Zeit auch Inhaber der Burg Goldenstein (damals auch als Schloß bezeichnet).

Die spätgotische Pfarrkiche von **St. Daniel** wurde laut Inschrift 1054 erbaut und ist urkundlich mit 1421 nachweisbar, wurde 1478 von den Türken zerstört, 1762 verbessert, 1834 und 1929 renoviert. Eine Holztafel in der Kirche weist auf die Türkeneinfälle hin, darauf ist in lateinischer Schrift zu lesen: *„Im Jahre 1478 erschienen die Türken, die diese Kirche verwüsteten und eine Menge Gefangenen wegführten"*. Wie viele Kirchen des Tales wurde auch die Kirche von St. Daniel für die Zeiten der Gefahr zu einer Wehrkirche ausgebaut. Die letzte Restaurierung erfolgte 1959. Die Kirche war bis zum Beginn des 17. Jhdts. der religiöse Mittelpunkt für das oberste Gailtal und das Lesachtal. Auf den ehemaligen Bergbau weist das Danielpatrozinium hin. Bemerkenswert ist eine an der Südseite eingemauerte spätrömische Grabinschrift, aus der hervorgeht, daß einem gewissen *Acutus, Bürgermeister im Viermännerkollegium von Quintus Lupus,* ein Grabmal errichtet wurde.

Nördlich von Grafendorf, hoch über dem Tal, liegt die Einschicht **Wieserberg** mit der kleinen Kirche St. Helena (rechts oben), die ein echtes sakrales Kleinod in bezug auf Alter und Standort darstellt. Die Kirche steht auf einem in frühgeschichtlicher Zeit befestigten Platz. So wurden im Christentum Standorte von alten Kultstätten und Vorreligionen für den Kirchenbau verwendet. Schon Papst Gregor der Große (590 - 604) sagte: *„Wenn ihr missioniert, dann baut die Kirchen dort wo die Kultstätten waren."* Bemerkenswert sind zwei Christophorusfresken aus dem 12. und 16. Jhdt. an der Außenwand (teils durch Turmbau verdeckt) und verhältnismäßig gut erhaltene, höchst eindrucksvolle romanische Malereien (Bild unten) aus dem ausgehenden 12. Jahrhundert im Inneren der Kirche. Am Wieserberg befindet sich noch eine weitere Rarität in Form einer vermutlich hallstattzeitlichen Wehranlage oder eines Grabhügels, was an anderer Stelle dieses Buches behandelt wird, außerdem rankt sich um den Wieserberg eine alte Sage von einem Bergmännlein.

Die dem hl. Nikolaus geweihte Kirche von **Dellach** ist eine Filialkirche der Pfarre St. Daniel und wird urkundlich 1485 genannt. Der derzeitige, einfache, mittelgroße Bau stammt aus der 2. Hälfte des 17. Jhdts. (ohne Bild).

Die reiche Vielfalt der verschiedenen Gräser, Gewächse und Blumen zeugen von einer großen Naturbelassenheit vieler Kulturflächen des Tales.

Auf den Schotterbänken der Gailufer wachsen Pflanzen mit Formen, die wie kleine Kunstwerke aussehen (Im Bild: Stinkender Storchschnabel im Jungwuchsstadium).

Winterlandschaft im Gailtal.

Marktgemeinde Kirchbach

Seit der Gemeindezusammenlegung im Jahre 1973 ist Kirchbach mit rund 2850 Einwohnern die viertgrößte Gemeinde des Gailtales und umfaßt die ehemaligen Gemeinden Kirchbach, Reisach, Waidegg und 30 kleinere Ortschaften und Weiler, wobei die größeren, teils auf Schwemmkegeln der Seitenbäche liegenden Talorte eine Seehöhe zwischen 600 m bis 700 m aufweisen und die Bergdörfer und Weiler bis auf 1290 m reichen.

Kirchbach wurde 1996 zur Marktgemeinde erhoben und hat auf Grund der vielen Einzelorte seit 1973 mehr denn je den Charakter einer großen Streugemeinde und umfaßt ein Gebiet von 99 km². Wie die meisten Landgemeinden des Tales, weist auch Kirchbach vorwiegend landwirtschaftliche Prägung auf. Daneben sind Tourismus, Handel und Gewerbe wichtige Träger des wirtschaftlichen Lebens. Urkundlich wird Kirchbach 1296 erstmals als Pfarre genannt und ist daher eine der ältesten Pfarren des Tales, was 1996 mit der 700-Jahrfeier würdig begangen wurde. Einzelne Orts- und Flurnamen wie Stranig-Stranie, Griminitzen-Grumnica, Döbernitzen-Debrevenitze, weisen auf die Zeit der slawischen Besiedelung hin. Am westlichen Ortsende von Kirchbach steht auf einer Anhöhe unmittelbar über der Straße das laut Inschrift im 14. Jhdt. erbaute Schloß „Thurnhof" und an der Straßenbiegung von Reisach steht der aus dem 16. Jhdt. stammende „Ansitz Schönberg", heute Schönberghof. Im Orte Treßdorf steht der sogenannte „Marosch-Hof" (Gasthaus Martin), der älteste, mit 1299 datierte Bauernhof Kärntens. Für das kulturelle Geschehen in der Gemeinde sorgen eine Trachtengruppe, zwei Trachtenkapellen und einige Gesangs- und Laienspielgruppen.

Dominierend erhebt sich der Reißkofel über die Dörfer **Gundersheim** und **Grafendorf** der Marktgemeinde Kirchbach. Vorne im Bild liegt die Siedlung Griminitzen, rechts der Ort Gundersheim und links hinten Grafendorf. Die genannten Orte gehörten bis 1973 zur Gemeinde Reisach, seit damals sind sie Teil der Gemeinde Kirchbach. Der Ort Grafendorf wird bereits 1206 als *Grauendorf* urkundlich erwähnt, später findet man auch den Namen *Grevendorf*. Die romanisch-gotische Kirche St. Michael wird 1296 als Pfarre genannt. In Grafendorf wirkte von 1870 bis 1920 der als „Vater der Volkskunde" bezeichnete Pfarrer Franz Franzisci, der sich besondere Verdienste um die Kärntner Kulturgeschichte erwarb. Seine Tätigkeiten in Form von zahlreichen Publikationen über das Kärntner Volksleben brachten ihm die Ehrenmitgliedschaft des Kärntner Geschichtsvereines und der Kärntner Landsmannschaft. Er starb im Jahre 1920 als Dechant von Grafendorf im 95. Lebensjahr.

Die Luftaufnahme zeigt den Talboden des oberen Gailtales mit den beiden Haufendörfern **Treßdorf** und **Kirchbach.**

Der Ort Kirchbach als Zentrum der Marktgemeinde aus der Vogelschau.

Angelehnt an die bewaldeten Südhänge der Gailtaler Alpen mit dem darüber thronenden Reiskofel liegt das Haufendorf **Reisach**, dessen heutiger Name eine Ableitung der sagenumwobenen untergegangenen Stadt „Troi Risa" sein dürfte, die zwischen Reisach und Gundersheim gelegen sein soll. Urkundlich wird der Ort 1039 als „Risach in Gilitale" erwähnt, wie auch zur Zeit der Slavensiedelung die Bezeichnung „Risaha" verwendet wurde. Der Sage nach soll die ehemalige Römersiedlung „Troi Risa" durch einen Bergsturz des Reißkofels im 5. Jhdt. n. Chr. verschüttet worden sein. Nachweise darüber gibt es nicht. Bis zur Gemeindezusammenlegung war Reisach selbständige Gemeinde und wurde 1973 dann der Großgemeinde zugeordnet. Der spätklassizistische Bau der Pfarrkirche von Reisach liegt etwas erhöht am nordwestlichen Ortsrand und wurde 1849/50 erbaut. Als Filiale der Urpfarre St. Daniel scheint Reisach urkundlich schon 1355 auf.

Ein zwar etwas altersschwaches, aber dennoch wuchtiges Wahrzeichen von Reisach ist die ca. 300 - 350 Jahre alte Dorflinde in der Ortsmitte. Unter dem weit ausladenden Geäst werden öfters Feierlichkeiten abgehalten.

Mit 1290 m ist der Weiler **Hochwart** am Südhang der Gailtaler Alpen die höchstgelegene Siedlung des Gailtales. Der Blick reicht weit ins Tal, in dem die Orte Rattendorf und Tröpolach liegen. Darüber erhebt sich das Bergmassiv des Gartnerkofels.

Die Ortschaft **Waidegg** hat in bezug auf Zugehörigkeit eine ereignisreiche Zeit hinter sich; war der Ort doch bis 1963 selbständige Gemeinde, dazwischen bis 1972 der Gemeinde Rattendorf zugehörig und ab 1973 Teil der Großgemeinde Kirchbach. Urkundlich scheint das Straßendorf schon 1288 auf, eine ebenfalls aus dieser Zeit stammende Burgruine liegt etwa 50 m über dem Ort.

Schon im 11. Jhdt. (?) soll der ursprüngliche Bau der Kirche von Waidegg genannt sein. Urkundlich scheint die Pfarrkirche 1485 auf. Die heutige kleine, spätbarocke Anlage der Pfarrkirche stammt aus dem 17. Jahrhundert.

In den Jahren 1962/63 wurde zwischen den Orten Kirchbach und Treßdorf das Freischwimmbad errichtet. Eine Generalsanierung erfolgte 1990. Die Anlage besteht aus dem inzwischen solarbeheizten Freibecken mit Sprungturm und einem Kinderplantschbecken. Der angeschlossene Gastbetrieb sorgt für das leibliche Wohl der Besucher. Für die Bewohner der Umgebung, wie auch für die Urlaubsgäste, ist das Bad eine attraktive Bereicherung der Infrastruktur und bietet Abwechslung und sportlichen Ausgleich für den Alltag.

Von Reisach führt eine Almstraße bis auf die 1530 m hoch gelegene Jochalm südöstlich des Reißkofels. An dieser Straße, ein paar Kilometer oberhalb von Reisach, liegt mitten im Wald das „Reißkofelbad". Ein anerkanntes Heilbad, das bereits im Jahre 1730 als solches errichtet wurde, um die dort sprudelnde Heilquelle zu nutzen. Das 1976 zum **Kneipp-Kurhaus** ausgebaute Haus erfreut sich auf Grund seiner idyllischen, abgeschiedenen Lage, der Heilwirkung des Wassers und seines Gastronomiebetriebes, als Ausflugsziel großer Beliebtheit bei der Bevölkerung. Ein Vers an der Hauswand verkündet die Wirkung des Heilwassers:
„Dieses Wasser ist für viele Übel gut, wer es nur recht gebrauchen tut. Heilt Wunden, Sorg' und Schmerz, tröstet manch betrübtes Herz".

Sie klappern wieder, die Wassermühlen. Allerdings nur mehr die wenigen, die noch vorhanden sind und deren Zustand noch erhaltens- und reparaturwürdig ist. In letzter Zeit hat man sich wieder verstärkt dieses alten Kulturgutes besonnen.

Zwei gemauerte Flurdenkmäler (Bildstöcke) mit spätgotischen Malereien befinden sich im Ortsgebiet von Reisach, von denen das sogenannte „Gangl-Stöckl" (Bild) die Jahreszahl 1499 für die Malereien aufweist. Im Unterbau ist eine römerzeitliche Grabinschrift eingemauert, dessen übersetzter Text lautet: *„Für Amandus, Sklaven und Zollbeamten des T. Saturninus gestiftet von den Zollverwaltern Maturus und Mercator"*. Diese religiösen Glaubensbeweise werden auch „Steinerne Monstranzen" genannt.

Ein interessantes Sonnenuhrgemälde mit der Jahrzahl 1572 befindet sich am Wirtschaftsgebäude des Pfarrhofes in Kirchbach (wurde in letzter Zeit restauriert).

Fast ein Wahrzeichen für den Ort Treßdorf sind die vielen „Kös'n", die am östlichen Ende des Dorfes links und rechts der Straße stehen und verantwortlich für den bezeichnenden Übernamen „Kös'ndorf" sind. Als der Getreideanbau im Gailtal noch eine größere Bedeutung hatte, dienten diese Holzgerüste vorwiegend für die Nachreifung und Trocknung von Getreide und Heu. Obwohl sich die wirtschaftliche Bedeutung dieser Trockengerüste verändert hat, werden diese Bauten erhalten und haben heute schon fast musealen Wert. Vereinzelt trifft man sie auch in anderen Teilen des Tales an, sie prägen so das Landschaftsbild der Gegend mit.

Die Pfarrkirche von Kirchbach (die Kirche am Bach) wurde 1508 erbaut und im 18. Jh. barockisiert. Das Foto zeigt die Westfront mit Friedhofportal. Zur Innenausstattung gehören u.a. der prächtige, schwarz-goldene Hochaltar, mehrere Gemälde, eine Rokokokanzel, ein gotischer Taufstein, spätbarocke Kreuzwegbilder und ein Wappengrabstein von 1540. Bemerkenswert ist das südöstliche Friedhofsportal (Bild unten) mit Darstellungen des hl. Martin zu Pferd mit zwei Bettlern, sowie seitlich je zwei Heiligenbildern, um 1490.

Die evangelische Kirche in Treßdorf wurde im Jahre 1903 durch den Umbau des 1784 errichteten Bethauses erstellt. Als erste evangelische Kirche in Kärnten erhielt sie im Jahre 1851 einen Turm, was bis dahin bei evangelischen Kirchen nicht erlaubt war.

Über den hl. Martin gibt es eine interessante Legende, die hier verkürzt wiedergegeben werden soll. Der hl. Martin kam anfangs des 4. Jhdts. im heutigen Ungarn als Sohn eines römischen Offiziers zur Welt und lernte als junger Soldat in Italien das Christentum kennen. Sein Soldatenleben führte ihn nach Frankreich, wo es zur bekannten Szene des Mantelteilens mit einem Bett-

ler kam. Eine nächtliche Vision bewegte ihn zum Eintritt ins Christentum. Nach Beendigung des Soldatenlebens wurde er durch sein asketisches Leben, ohne sein besonderes Zutun, zum Begründer des Klosters Ligugé in der Nähe von Poitiers und so wohl der früheste Stifter mönchischen Lebens. Dem Wunsche seiner Anhänger, Bischof von Tours zu werden, widerstand er einige Zeit und versuchte sich zu verbergen, bis es dann zum legendären Ereignis kam, wo das Geschnatter der Gänse sein Versteck verriet und er daraufhin zum Bischof geweiht wurde. Er starb im Alter von über 80 Jahren und beim Triumpfzug des Leichenwagens sollen die Wiesen beiderseits des Weges zu grünen begonnen haben, so als ob es Frühling wäre und nicht November. Immer neue Geschichten führten zu zunehmender Verehrung, so wurde sein (halbes) Mäntelchen aus seiner Soldatenzeit später sogar in Schlachten mitgeführt. Dieses „Capella" genannte Mäntelchen gab später der Sainte-Chapelle in Paris den Namen, der in dieser Bezeichnung für jede kleine Kirche bis heute weiterlebt. Viele Bräuche und Bauernregeln werden mit dem hl. Martin in Verbindung gebracht und er wurde zum Schutzpatron für Tiere, Bettler, Tuchhändler, Weber und einiges mehr.

Stadtgemeinde Hermagor

Der Verwaltungsbereich der Großgemeinde mit der Bezirkshauptstadt Hermagor umfaßt 12 Katastralgemeinden mit insgesamt ca. 60 Ortschaften und setzt sich seit 1973 aus den ehemals selbständigen Gemeinden Hermagor, Möschach, Rattendorf, Tröpolach, Guggenberg, Mitschig, Egg und Görtschach zusammen. Er reicht vom Naßfeld und dem unteren Gitschtal bis östlich des Presseggersees und ist Zentrum der Karnischen Region. Die Einwohnerzahl liegt bei 7500 und die Siedlungen einschließlich der Sonnenalpe Naßfeld liegen in einer Höhe von 560 bis 1550 m.

Der weit auseinandergezogene Gemeindebereich hat eine Fläche von 204,31 km² und ist in Bezug auf Ausdehnung und Einwohnerzahl der größte des ganzen Gailtales, die Landschaftsstruktur reicht vom Stadtgebiet über geschlossene Ortschaften und Streusiedlungen bis zu Weilern mit ein bis zwei Objekten. Mit ihrer Ausdehnung ist die Gemeinde der größte Wirtschaftsraum des Tales. Die Schwerpunkte liegen bei Handel, Gewerbe und Kleinindustrie im Ortsbereich von Hermagor, bei der Landwirtschaft in den umliegenden Regionen und beim Tourismus in den Fremdenverkehrszentren Naßfeld und Presseggersee.

Die im oberen Gailtal nicht vorhandene Zweisprachigkeit der Bevölkerung beginnt hier südöstlich von Hermagor in der ehemaligen Gemeinde Egg und setzt sich dann im Süden Kärntens nach Osten fort.

Mehrere Trachten- und Musikkapellen, Gesangsvereine und Volkstumsgruppen bereichern in hervorragender Weise das kulturelle Leben der Region.

Abendstimmung in Hermagor mit dem Turm der Schneerosenkirche und dem Spitzegel im Hintergrund.

Die Statue des hl. Hermagoras bei der Stadtpfarrkirche.

Die „**Wulfenia-Stadt**" Hermagor aus der Vogelschau. Wohl um die Stadt werbungsmäßig etwas aufzuwerten, hat man in Anlehnung an die „blaue Blume" vom Naßfeld diese Zusatzbezeichnung gewählt.

Bezirksstadt Hermagor

(603 m) mit Blick gegen Osten. Im Bild rechts die Orte Fritzendorf, Micheldorf und Egg, darüber der 2052 m hohe Oisternig, der östlichste Zweitausender der Karnischen Alpen, links im Bild der Presseggersee und darüber der Dobratsch.

Die nach dem hl. Hermagoras benannte, betriebsame Kleinstadt liegt im Zentrum des Gailtales. Auf Grund von prähistorischen Funden wird angenommen, daß die Besiedelung dieses Raumes sehr früh erfolgt ist. Die älteste urkundliche Nennung des Ortes als Pfarre geht auf das Jahr 1169 zurück und schon 1288 scheint die Bezeichnung Markt auf *(Foro sancti Hermachor)*. Im Jahre 1330 belehnte Herzog Heinrich v. Kärnten, Heinrich Graland mit dem Markt „ze sand Machor", wobei des Marktrecht später mehrmals erneuert wurde. Wie viele andere Orte im Gailtal, erlebte auch Hermagor im Jahre 1478 die Brandschatzung durch die Türken. 1619 erhielt der Ort ein Wappen, 1726 legte ein Großbrand alles in Schutt und Asche und 1813 endete auch hier die Besatzungszeit der Franzosen unter Napoleon. Im Jahre 1848 wurde Hermagor Marktgemeinde und ein Jahr darauf wurde das Bezirksgericht und 1868 die Bezirkshauptmannschaft eingerichtet, womit der Markt zum Zentrum des Verwaltungsbezirkes wurde. Das Jahr 1894 brachte durch den Bau der Gailtalbahn von Arnoldstein bis Hermagor eine bessere Erschließung für den Ort. 1915 fielen die Kirche und 67 Häuser neuerlich einer Brandkatastrophe zum Opfer. Im Jahre 1926 wurde die evangelische Kirche, die sogenannte „Schneerosenkirche" errichtet, wobei der Bau zu einem guten Teil durch den Verkauf von Schneerosensträußchen mitfinanziert wurde, daher der Name der Kirche. Hermagor war auch eine der Urpfarren des Gailtales. Das Jahr 1930 wurde durch die Stadterhebung zu einem geschichtlichen Datum und seit 1973 gibt es die Bezeichnung „Stadtgemeinde Hermagor - Presseggersee".

In den Reisebeschreibungen des Paolo Santonino von 1485 - 1487 steht zu lesen: *„Im Bereich der Gail nahmen wir unseren Weg durchs Tal nach Osten zu und kamen zum Orte S. Hermagoras, den die Einheimischen Stadt nennen, obgleich er von keiner Ringmauer umgeben ist . . . . . hat mehr Häuser als Mauthen, er ist zwischen zwei Tälern gelegen, welche aber nur für eines gelten. Nicht der ganze Ort liegt in der Ebene sondern ein Teil auf einer mäßigen Anhöhe".*

Dieser alte Bericht beschreibt anschaulich die Lage des Ortes an der Einmündung des Gitschtales in das Gailtal.
Die Kleinstadt selbst hat heute nahezu 2000 Einwohner und liegt im Schnittpunkt zweier Verkehrswege. Wirtschaftliche Bedeutung hatte in der Vergangenheit eine 1621 gegründete Glashütte in Tscherniheim (Bodenalm), die bis 1879 bestand und deren Produkte auch in den Export gingen. Mit dem Bau einer Wiederherstellungsanstalt für körperbehinderte Kinder erhielt Hermagor 1956 die erste Krankenanstalt, die nach einigen Erweiterungen und Umbauten heute als Landessonderkrankenhaus für Neurologische Rehabilitation und Unfallchirurgie bekannt ist. Der Name **Gailtal - Klinik** ist neben dem regionalen Versorgungsauftrag auf dem Gebiet der Unfallchirurgie und Orthopädie auch in der Neuro-Orthopädie zu einem Begriff weit über die Region hinaus geworden.

Vor einigen Jahrzehnten war der Ort **Tröpolach** (alter Name Dobropolach) zwar eine eigene Gemeinde, sonst aber ein Dorf wie viele andere im Gailtale, wo der Begriff Tourismus noch kaum Bedeutung hatte. Als sich dann ab dem Jahre 1959 am Naßfeld der Wintersport entwickelte, erhielt der Ort gleichzeitig mit der aufstrebenden Entwicklung und dem Ausbau der Naßfeldstraße als Ausgangspunkt für die Zufahrt dorthin immer stärkere Bedeutung. Im Juli 1998 erfolgte der Spatenstich für das neue Großprojekt der **Talbahn**, die von Tröpolach in das Schigebiet Naßfeld führt und dessen Fertigstellung im Herbst 1999 erfolgte. Mit der Eröffnung dieser Anlage im Dezember desselben Jahres begann für den Ort eine neue Phase der Entwicklung hinsichtlich Sommer- und Wintertourismus, die vermutlich den Bedarf von weiteren Einrichtungen nach sich ziehen wird.

Aus alten Schriften geht hervor, daß in Tröpolach für die Erhaltung und Beaufsichtigung der alten Landstraße, der Saumwege und der Brücken Maut eingehoben wurde. Neben Brandkatastrophen wurden einige Orte des Gailtales in der Vergangenheit auch öfters von der Hochwasser führenden Gail bedroht. Besonders betroffen davon war die Ortschaft Rattendorf zuletzt in den Jahren 1965/66, wo das Dorf, die durch starke Regenfälle verursachte schlimmste Hochwasserkatastrophe des Jahrhunderts erlebte. Ein in letzter Zeit errichteter Ringdamm soll in Zukunft Überschwemmungen verhindern.

Der heute zur Großgemeinde Hermagor gehörende Ort **Rattendorf** war bis 1973 Sitz der gleichnamigen selbständigen Gemeinde, zu der die Ortschaften Waigegg, Jenig, Kreuth, Kleinbergl, Guggenberg und Tröpolach mit Schlanitzen gehörten. Der Rattenfänger von Hameln hat mit Sicherheit dem Ort nicht den Namen gegeben, denn nach Paolo Santonino bedeutet Rattendorf auf Latein „Ort der Rechnung" *(villa rationis)*, was bedeutet, daß seinerzeit dort den Landeskindern Recht gesprochen wurde. Nach einer anderen Version soll sich der Name von der sagenhaften Stadt „Rata" ableiten, oder er könnte von „Rato", einem bayrischen Siedler, herrühren. In einer Urkunde von 1288 scheint die Bezeichnung Raittendorf auf. Urkundlich werden die Dörfer Rattendorf, Tröpolach und Waidegg erstmals 1288 genannt, 1342 wird Tröpolach zur Pfarre erhoben, wobei Rattendorf eine Filiale von Tröpolach wird. Ungefähr zur selben Zeit werden auch die katholischen Kirchen der beiden Orte errichtet.

Die Reformation hielt auch im Gailtal Einzug und so entstanden 1782 die evangelischen Gemeinden Watschig und Treßdorf, wo 1906 eine Predigtstation gegründet wurde. Die evangelische Kirchengemeinde mit den Ortschaften Rattendorf, Jenig, Kleinbergl und Kreuth wurde 1933 gegründet. In der Ortschaft Watschig steht eines der ältesten, gleich nach dem Toleranzedikt von 1781 errichteten Bethäuser Kärntens, die sogenannte „Toleranzkirche", den damaligen Vorschriften entsprechend ohne Turm und Portal gebaut.

In den letzten zwei Jahrzehnten des 19. Jhdts. wurde Tröpolach und Rattendorf von mehreren Großbränden heimgesucht, wo laut Zeitzeugen bis zu 50 Objekte in Flammen standen.

Blick auf die Orte Watschig (links) und Tröpolach (rechts) mit dem darüber liegenden Bergdorf Schlanitzen und dem Wintersportgebiet Naßfeld mit Roß - und Trogkofel.

Eine der vielen Bergsiedlungen an den Südhängen der Gailtaler Alpen ist **Kreuth** in 1020 m Seehöhe oberhalb von Jenig. Die kleine Siedlung ist durch ihre sonnige, ruhige Lage ein beliebtes Urlaubsziel.

Die Talstation des 1999 eröffneten „Milleniums-Express" in Tröpolach

Ortsmitte von Rattendorf mit Pfarrkirche und Kriegerdenkmal

Kleinweiler am Guggenberg bei Hermagor

Das Dorf Tröpolach im Luftbild

Straße, Wasser, Bahn - drei Verkehrswege.

Die einzige Stelle im Gailtal, an der sich drei verschiedene Verkehrswege unmittelbar nebeneinander die Ehre geben, befindet sich im Bereich der Bahn- und Straßenüberführung Tröpolach-Naßfeld, wo mit einer einzigen Brücke die Gailtalstraße, die Gailtalbahn und der Gailfluß überquert werden.

1. Die Errichtung der ältesten Verkehrswege ging seit jeher mit der Besiedelung eines Gebietes einher. Die Straße war für die Erschließung und Nutzung einer Region eine absolute Voraussetzung und ist es heute noch. Von den Saumpfaden und Fußwegen vergangener Zeiten bis zu den modernen Autobahnen unserer Zeit ist das Ziel, von einem Orte zum anderen zu gelangen, das gleiche geblieben. Für das Gailtal brachte der Ausbau der Bundesstraße in den letzten Jahrzehnten verbesserte Verkehrsverhältnisse und Anpassung an die verstärkte Motorisierung im Straßenverkehr.

2. Zur Zeit der Entstehung von Sägewerken und der Entwicklung der Holzmärkte mußte man zwangsläufig nach geeigneten Transportmöglichkeiten suchen und fand sie vorwiegend auf dem Wasser, sprich Gailfluß. Für das Lesachtal war die Gailtrift (Holzschwemmen) für lange Zeit die einzige Transportmöglichkeit, um das Rundholz aus dem Tal hinaus zu den Sägewerken zu bringen, ebenfalls wurden auch Holzschwellen für den Bahnbau auf diese Weise transportiert. Im Bereich des Gailtales erfolgte dies mehr oder weniger durch das Flößen auf der Gail, auf der eines damaligen Berichtes zufolge, z.B. Schnittware bis nach Marburg in Slowenien gerudert wurde. Hinsichtlich Holztransportweg hat der Gailfluß die wirtschaftliche Bedeutung zwar verloren, aber auf einem anderen Gebiet eine solche erneut gewonnen. Im Zuge der Entwicklung des Fremdenverkehrs hat sich die Gail zu einem attraktiven Angebot für den Wildwasser- und Raftingsport entwickelt und so eine gewisse Bedeutung für die Tourismuswirtschaft erlangt.

3. Der dritte Verkehrs- und Transportweg wurde für das Gailtal mit dem Bahnbau geschaffen. Nachdem in der Zeit zwischen 1863 und 1879 die Bahnlinien Marburg - Klagenfurt - Villach - Franzensfeste und Villach - Tarvis - Pontafel errichtet wurden, rückten die Aussichten für eine Bahnstrecke ins Gailtal näher. So bildete sich 1890 das erste Interessentenkonsortium und im April 1891 begannen bereits die Trassierungsarbeiten. Am 11. Juli 1893 lag die Baukonzession vor und in der kurzen Zeit von 13 Monaten wurde die Strecke Arnoldstein - Hermagor gebaut und am 11. August 1894 eröffnet.

Durch den Ausbruch des Krieges mit Italien wurde dann eine Verlängerung der Bahnlinie bis Kötschach aus kriegsstrategischen Gründen vorrangig. Am 15. August 1915 begann der Bau dieser Strecke, wo vorwiegend gefangene Serben und Russen als Bauarbeiter eingesetzt wurden. Bedingt durch den Vormarsch der österreichischen Truppen in Friaul war die Kriegsgefahr für das Gailtal vorüber und so wurde die Strecke am 1. Februar 1918 für den allgemeinen Verkehr freigegeben. Die düstere Drohung in letzter Zeit, die Bahnlinie aus wirtschaftlichen Gründen einzustellen, konnte bislang abgewendet werden und es wäre zu hoffen, daß man Wege findet, um die Gailtalbahn in Zukunft nicht zu einem Relikt der Vergangenheit werden zu lassen.

Südlich von Hermagor liegt die Ortschaft **Möderndorf,** dessen Name urkundlich im Pfarrurbar von Hermagor aus dem Jahre 1331 erstmals aufscheint, wo es heißt: *nicolaus ecclesiasticus de moderndorf.* Ein Oswald von Möderndorf ist als Lehensmann der Görzer Pfalzgrafen 1375 urkundlich bezeugt. Durch den Frieden von Pusarnitz fielen 1460 diese Görzer Besitzungen an Kaiser Friedrich III. und die Habsburger verliehen Möderndorf an die Grafen Salamanca-Ortenburg. Darauffolgend scheinen mehrere Herren als Belehnte auf, bis dann Fürst Johann Ferdinand Porcia im Jahre 1662 Möderndorf kaufte. Damit kam auch die Landesgerichtsbarkeit ins Schloß. Eine Reihe von Pflegern amtierten dort, bis Alfons Fürst von Porcia 1857 das Schloß an Georg Waldner verkaufte, wo es mit kurzer Unterbrechung bis 1982

in dessen Familienbesitz blieb. Mit Kaufvertrag vom 16. Jänner 1982 ging es an Kommerzialrat Georg Essl in Hermagor über. Dieser stellte das Gebäude dem „Förderungsverein Heimatmuseum" zur Verfügung. Mit Landes- und Gemeindeunterstützung und privater Hilfe wurde das desolate Gebäude saniert und renoviert und beherbergt heute die heimatkundlich und kulturgeschichtlich bedeutsame Sammlung der Familie Essl aus Hermagor. Darüber hinaus werden viele Exponate der Sammlung als Leihgaben zur Verfügung gestellt. Mit Jahresbeginn 2000 wurde das Schloß in das Eigentum der Stadtgemeinde Hermagor übertragen. Es wird weiterhin vom Förderungsverein betreut und soll auch in Zukunft ein kultureller Anziehungspunkt der Region bleiben.

Als Familienbesitz der Khünburger besteht seit der zweiten Hälfte des 15. Jhdts. das in der Ortschaft **Egg** gelegene Schloß Khünegg, welches sich noch heute im Besitz der Familie der Khünburger (Kuenburger) befindet und auch gepflegt und erhalten wird. Laut Baurechnungen wurde das Schloß in der Zeit um 1466/70 und 1490 erbaut und nach Bränden im 16. und 17. Jhdt. stark erneuert. Das Innere des stattlichen, dreigeschossigen Baues mit dem runden Wehrturm an der Südwestecke wurde in letzter Zeit modernisiert.

Paolo Santonino (1485/87) schreibt über den Ursprung des Namens des Schlosses: *„Das Schloß selbst bzw. die Burg heißt Khünegg, genannt nach dem Fichten - oder Tannenbaum, der deutsch Kien heißt, denn der Ort hat daran Überfluß".* Diese Darlegung nimmt Bezug auf die sogenannten „Kienspäne" (Holzspäne), wie man sie in alter Zeit als kleine Fackeln zur Beleuchtung verwendete. Die älteste Erwähnung der Burg geschieht bereits in einer Urkunde aus dem Jahre 1189.

„Das Schloß Kienburg liegt im Geilthal ungevähr ein Viertel einer Meil unterhlab S. Ermachor, an einem Perg, genant Kienberg, ..." Dies ist die Lagebeschreibung in einem Stockurbar aus dem Jahre 1586 für die urkundlich 1189 genannte Burg Khünburg, die Sitz des gleichnamigen Geschlechtes war und als Ministeriale des Bistums Bamberg 1311 an den Herzog von Kärnten verpfändet wurde. Um die Mitte des 16. Jhdts. wurde die Burg durch einen Brand zerstört und nicht wieder aufgebaut. Der heute als Aussichtswarte dienende romanische Burgfried der Ruine und Teile der Umfassungsmauer sind noch erhalten.

„Nicht zu wissen, was vor deiner Geburt geschehen ist, heißt, immer ein kleines Kind bleiben" (Cicero 106 - 43 v. Chr.).

Das auf der vorigen Seite beschriebene und als Heimatmuseum eingerichtete Schloß Möderndorf birgt in den 15 Räumen der vier Stockwerke Zeugnisse und Schätze aus der Vor- und Frühgeschichte, des frühen und späten Mittelalters bis ins 20. Jhdt.

Zu besichtigen sind Exponate aus den Bereichen Mineralien, Versteinerungen, Bergbau, Gerichtsbarkeit, Medizin, Feuerwehr, Musik- und Schulwesen, Militär, Vereine, Archiv, Handwerk und Handel im Wandel der Zeit, alte Trachten und Möbel, Jagd, Fischerei und Landwirtschaft, religiöse Schriften und Plastiken, sowie Objekte aus allen Bereichen des täglichen Lebens.

Georg Essl der Älteste, 17.8.1861 - 20.1.1940
Begründer des Gailtaler Heimatmuseums mit der ersten Lutherbibel von Hans Lufft (1541)

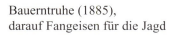

Bauerntruhe (1885),
darauf Fangeisen für die Jagd

Handwaffe und Handbeil von der Gurina

Rauchküche

Die Stadtpfarrkirche von Hermagor steht inmitten des Ortes auf einer kleinen, felsigen Erhöhung, der sogenannten Stocksteinwand. Eine Erneuerung des Baues wird urkundlich mit 1478 genannt, wobei Mauerwerk der Vorgängerkirche, für deren Entstehung es leider keine genauen Daten gibt, einbezogen wurde. Die mittelgroße, spätgotische Anlage ist den Heiligen Hermagoras und Fortunat geweiht. Vom Erstgenannten hat der Ort auch seinen Namen. Das Innere des Gotteshauses zieren u.a. ein spätbarocker Hochaltar aus der Mitte des 18. Jhdts., sowie schöne Gewölbe- und Wandmalereien religiösen Inhaltes, wie auch Wappendarstellungen mehrerer prominenter Familien der letzten Jahrhunderte. Ein Kreuzrippengewölbe im Chor und Netzrippengewölbe im Langhaus sind wesentlicher Bestandteil des Kirchenraumes. Ein vom Bildhauer Hans Domenig im Jahre 1961 errichtete Figur des hl. Hermagoras steht außen an der Kirchenwand.

Wenn man das Gailtal von Ost nach West auf der Bundesstraße durchfährt, fällt die wenige Meter von der Straße entfernte Pfarrkirche von Förolach mit ihrem gefälligen Äußeren auf. Der Ort Förolach wird urkundlich 1284 erwähnt und die Nennung der Kirche ist mit dem Jahre 1331 belegt. Außen an der Südfassade erkennt man ein Christophorusfresko und eine Kreuzigungsgruppe, die mit der Jahreszahl 1521 bezeichnet sind und 1977 freigelegt wurden.

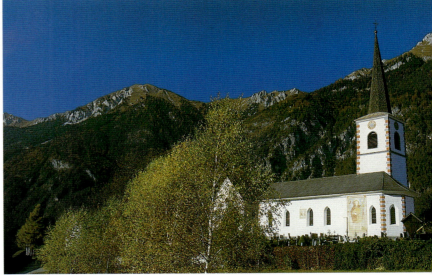

Im südöstlich von Hermagor liegenden, urkundlich vor 1039 erwähnten Ort Egg steht die mittelgroße, wehrhafte Anlage der Pfarrkirche zum hl. Michael aus dem 15. Jhdt. Bemerkenswert im Inneren des Gotteshauses sind einige, auf die Stifterfamilie, die „Herren von Khünburg", hinweisende Details. So z.B. eine bildliche Darstellung von 10 betenden Familienangehörigen, die als Aufsatz an einem in Verwendung stehenden Betstuhl angebracht ist. Ein weiteres Detail ist eine kunstvolle, schöne Glasmalerei an einem Kirchenfenster, mit Darstellungen des knieenden Gandolf v. Khuenburg und seiner Gemahlin Dorothea. In der Reihe darunter sieht man beider Wappen sowie die Schriften: „Gandolf von Kyunburg 1490 und Dorothea sein Hausfraw geborn von lind 1490".

Nordwestlich von Hermagor liegt die kleine Ortschaft Radnig. Hier steht eine kleine Dorfkirche, deren Erbauung laut Inschrift im Inneren der Kirche mit dem Jahr 1040 angegeben ist. Urkundlich wird sie 1485 erwähnt. An der Holzdecke der Vorhalle sind bemerkenswerte Schablonenmalereien aus der Zeit um 1480 angebracht, die Motive von Tieren, Pflanzen, Fabelwesen und Ornamenten zeigen.

Wenige Kilometer östlich der Bezirksstadt Hermagor liegt der nach dem gleichnamigen Ort benannte **Presseggersee.** Das kleine Eiszeitrelikt zählt zu den wärmsten Badeseen Kärntens und wird liebevoll als „Badewanne" des Gailtales bezeichnet.
Mehrere Strandbäder, ein mit vielen Attraktionen ausgestatteter Erlebnispark, sowie Einrichtungen für den Segelsport machten den Badesee vor allem für den Sommertourismus zu einem der wichtigsten Schwerpunkte in der Entwicklung des Tourismus in der Karnischen Region als Erlebnis - und Erholungsraum. Der vorwiegend am West- und Ostufer befindliche Schilfgürtel verursacht einen steten Verlandungsprozess, dem mit laufenden seepflegerischen Maßnahmen begegnet werden muß, um die Qualitätssicherung des Badesees zu gewährleisten.

„Zurück zur Natur" lautet die Devise in vielen Belangen des täglichen Lebens des modernen Menschen. Als man vor Jahren in Radnig bei Hermagor vor der Entscheidung stand, das alte, sanierungsbedürftige Freibad zuzusperren oder zu erneuern, entschied man sich 1994 für die Neuanlage eines Naturbades nach den Regeln der neuesten Erkenntnisse in Bezug auf Badeanlagen ohne jegliche Chemie. Die Reinigung des Wassers erfolgt über eine Pflanzenfilteranlage, die Erwärmung besorgt die Sonne, die Anlage fügt sich harmonisch in die Natur ein und entspricht so voll und ganz dem Trend der Zeit.

Abendstimmung und
Seerosen am Presseggersee

Die Sonnenalpe Naßfeld
mit dem Hausberg Gartnerkofel

Mit der Errichtung der ersten Schutzhütte der ehemaligen Alpenvereins - Sektion Gailtal um 1885 begann für die zwischen den wuchtigen Gebirgsblöcken Gartnerkofel, Roßkofel (Monte Cavallo) und Trogkofel eingebettete Almhochfläche am Naßfeld die Zeit der alpinen Bergerschließung, die zunächst auf die schneefreie Jahreszeit beschränkt war. Nach der Instandsetzung der durch einen Brand beschädigten Schutzhütte begann 1948 die gastronomische Entwicklung durch das Ehepaar Krieber, was sozusagen die gastronomische Urzelle auf dem Naßfeld war. Hatte der 1530 m hoch gelegene Naßfeldsattel (Passo di Pramollo) bis in die ersten Nachkriegsjahre des 2. Weltkrieges höchstens als Schmugglerweg und Saumpfad eine Bedeutung, so änderte sich dies mit dem Ausbau der ehemaligen Kriegsstraße aus dem 1. Weltkrieg, was in der Folge 1959 zur Eröffnung der Grenzstation zu Italien führte. Im Jahre 1961 ging dann bereits der von Hans Jenull errichtete erste Schlepplift in Betrieb und kurz darauf wurde das von der Familie Pucher errichtete erste Hotel am Naßfeld eröffnet. Vorausgegangen war natürlich die Versorgung des Gebietes mit elektrischer Energie. Somit war die Aufwärtsentwicklung der einstigen Alm zu einem über die Staatsgrenzen hinaus beliebten und bekannten Tourismuszentrum eingeleitet.

Die weitere Ansiedlung von Gastronomie- und Beherbergungsbetrieben und anderer Einrichtungen führten dann zur Gründung des Verkehrsvereines „Sonnenalpe Naßfeld", unter dessen Initiative die weitere Entwicklung sowohl für den Sommertourismus als auch für den Wintersport erfolgte. War zunächst die wintersportmäßige Erschließung auf das eigentliche Almgebiet Naßfeld beschränkt, so erfolgte bald die Einbeziehung weiterer, in der Nähe liegender Almgebiete, so daß sich heute der ganze Schizirkus über einen sehr ausgedehnten Bereich erstreckt. Mit 30 Aufstiegshilfen, vom Schlepplift über Sessel- u. Kabinenbahnen, wird heute ein Schigebiet mit über 100 km Pisten erschlossen.

Die mit Ende des Jahres 1999 eröffnete 6 km lange Einseilumlaufbahn vom Talboden in Tröpolach auf das Schigebiet Naßfeld bringt neben einer Verkehrsentlastung eine verbesserte Attraktivität für das Wintersportzentrum Naßfeld. Auch die neue 7,6 km lange Talabfahrt „Carnia-Strecke" ist ein Resultat dieser Großinvestition.

Obwohl das Gebiet mit modernen Beschneiungsanlagen ausgestattet ist, gilt das Naßfeld unabhängig davon als sehr schneesicher. Der Grund dafür ist die hohe Lage am Südrand der Alpen, wo sich die feuchten Luftmassen der Adriatiefs am hohen Bergkamm der Karnischen Alpen stauen und hier dann ihre weiße Fracht abladen. Die verhältnismäßig hohen Niederschläge, die im Sommer für die Besucher des Naßfeldes eher unerwünscht sind, bedeuten für die Winterzeit den wohl wichtigsten Faktor für die Entwicklung des Gebietes zu einem der bedeutendsten Wintersportzentren Österreichs.

In seinem Führer durch die Karnische Hauptkette beschrieb schon 1929 der bekannte Bergfreund Ing. Eduard Pichl für das Naßfeld *„Schneeschuhfahrten über baumfreie, nicht stark geneigte Hänge"* - Pichl würde heute staunen.

Das Hoteldorf am Naßfeld mit dem bereits auf italienischem Staatsgebiet liegenden kleinen Stausee und den Berggipfeln der westlichen Julischen Alpen im Hintergrund. Die Paßstraße führt in das italienische Val Canale (Kanaltal) und erreicht dort den ersten, auf italienischem Gebiet liegenden Ort Pontebba.

Seit dem Jahre 1975 findet alljährlich auf dem ehemaligen Kampfgebiet am Naßfeld das internationale Soldatentreffen **„Incontro Alpini"** statt. Veranstaltet wird das Treffen turnusmäßig vom Österreichischen Kameradschaftsbund, Stadtverband Hermagor und der „Assoziazione Nationale - Alpini" Gruppo di Pontebba in Italien. Initiator der Veranstaltung war damals der bereits verstorbene Obmann der Alpinigruppe von Pontebba, Dr. Giancarlo de Antoni. Unter der Parole **„Reich mir die Hand Kamerad - Ca la man fradi"** treffen sich Traditions-, Kameradschafts- und Reservistenverbände aus dem In- und Ausland, deren Bemühen es ist, sich der soldatischen Tradition der teilnehmenden Länder zu erinnern und den nachfolgenden Generationen die Werte von Frieden, Freundschaft und Verständigung unter den Völkern zu vermitteln. Eine Kranzniederlegung am Grabmahl des unbekannten Soldaten an der Naßfeldkapelle und die Entzündung des Friedensfeuers am Wulfenia-Freundschaftsdenkmal mit einem symbolischen Händereichen und dem Gruß „F r i e d e n - P a c e" beschließt jeweils den Festakt.

Das Hoteldorf am Fuße des Gartnerkofels am verschneiten Naßfeld mit dem Schigebiet im Bereich der Watschiger Alm (unten) und der Rudnigalm mit dem 2279 m hohen Trogkofel (Bild oben).

Feriendorf Sonnleitn

Alte und neue Werte vereint

Wo sich im Winter die Pistenfans tummeln, genießt in der warmen Jahreszeit das Rindvieh den Almsommer.

Wintersportfreuden am Naßfeld (oben) und das Schigebiet gegen die Tressdorfer Höhe (unten)

Gemeinde Gitschtal

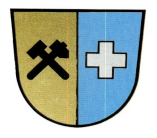

Als 12 km langes Seitental des Gailtales verläuft das Gitschtal von Hermagor in nordwestlicher Richtung bis zum Talabschluß. Es wird vom Gösseringbach durchflossen, der südlich von Hermagor in den Gailfluß mündet. In den Reiseerzählungen des Paolo Santonino wird das Tal als *„das kleinere Gailtal, das Gitschtal heißt und ein Teil des größeren ist"*, bezeichnet. Das Gitschtal zählt zu jenen wenigen Tälern Kärntens, dessen Name nicht vom Hauptfluß abgeleitet ist. Wie es z.B. im Lesachtal keinen Lesachfluß gibt, ist auch hier kein Gitschfluß zu finden. Der Name dieser Talschaft soll sich spätillyrisch auf das Tal der Ziegen beziehen, wie auch der Name des Flusses Gössering (Gösseringbach) auf die keltische Deutung Bach der Ziegenhirten hinweisen soll. Die Straße durch das Tal führt an dessen nordwestlichem Abschluß über den Kreuzbergsattel zum Weißensee und weiter ins Drautal. Ein besonderes Ereigniss war die erste Überquerung des Kreuzbergsattels mit einem Automobil trotz 35% Steigung anläßlich eines internationalen Alpenrennens im Jahre 1912.

Aus den ehemals selbständigen Gemeinden St. Lorenzen und Weißbriach wurde 1973 die Gemeinde Gitschtal zu einem Verwaltungsbereich mit dem Sitz in Weißbriach zusammengeschlossen, wobei einige kleinere Ortschaften am unteren Eingang des Tales noch zum Verwaltungsbereich der Bezirksstadt Hermagor gehören. Abgesehen von einigen kleinen Weilern, liegen die wenigen Dörfer zur Gänze im Talboden auf einer Höhe zwischen 700 bis 800 m. Der Gemeindebereich hat eine Ausdehnung von 56,5 km² und wird von rund 1350 Personen aus den Ortschaften Jadersdorf, Lassendorf, St. Lorenzen, Weißbriach und einigen Kleinweilern bewohnt.

Auf einem sagenumwobenen Felsen oberhalb von St. Lorenzen, dem sogenannten „Kappele", wurden in letzter Zeit Funde gemacht, aus denen zu schließen ist, daß das Gebiet schon in der Jungsteinzeit zumindest begangen wurde, auch aus der Spätantike konnten Siedlungsstellen und Befestigungsreste nachgewiesen werden. Im Zuge der römischen Besetzung des norischen Reiches führte auch hier ein Handelsweg über die Karnischen Alpen ins Gailtal und weiter ins Gitschtal und über den Kreuzberg zu den römischen Siedlungen Aguntum bei Lienz und Teurnia bei Spittal. Knappengruben und Ruinenreste sind die letzten Zeugen einer regen Bergbautätigkeit in der frühen und späteren Neuzeit, Hammerwerke zur Schwarzblecherzeugung waren bis in die Hälfte des 19. Jhdts. in Betrieb. Die fabriksmäßige Erzeugung von Pappe brachte für das Gebiet im ausgehenden 19. und beginnenden 20. Jahrhundert eine wirtschaftliche Blütezeit.

Wirtschaftlich ist für das Tal die Landwirtschaft von Bedeutung, wobei sich der Gesundheits- und Erholungstourismus in den letzten Jahrzehnten auch hier zu einem bedeutenden Wirtschaftszweig entwickelt hat.

Das Luftbild unten zeigt das Gitschtal mit den Orten Jadersdorf, Lassendorf, St. Lorenzen (im Wolkenschatten) im Vordergrund und dem Hauptort Weißbriach am hinteren Talende. Links der langgestreckte Bergrücken zwischen dem Reißkofel und dem Gitschtal. Südlich wird das Tal vom bewaldeten Höhenrücken des Guggenbergzuges und nördlich durch die westlichen Ausläufer der Spitzegelgruppe begrenzt.

Das Kneippalpendorf **Weißbriach** liegt in einer flachen Mulde am Ende des Gitschtales und ist der Hauptort und Sitz der Gemeindeverwaltung. Der Ruf eines Kneippkurortes geht auf die Zeit nach dem 1. Weltkrieg zurück, als der damalige evangelische Pfarrer Dr. Wunibald Maier ein Naturheilpraktikum errichtete, dem nach wenigen Jahren die Einrichtung einer Kuranstalt in einem alten Bauernhaus folgte. Auf den Erfahrungen seines früheren Amtskollegen Pfarrer Kneipp aufbauend, begann er das radiumhältige Wasser des Mösernbaches aus dem Hochmoor zu nutzen und verabreichte seinen Patienten Lehmpackungen gegen Gicht, Heublumen-, Latschen- u. Brennesselbäder, ließ sie tau- und wassertreten und wandte Güsse und Wickel an. Aufbauend auf die Initiative von Pfarrer Maier begann sich der Kurtourismus langsam zu entwickeln und die Zeit nach dem 2. Weltkrieg brachte dann den großen Aufschwung für den Ort. Private Initiativen, Investitionen der öffentlichen Hand, einhergehend mit der Verbesserung der Infrastruktur machten das ehemalige Bauerndorf zu einem weit über die Grenzen Österreichs hinaus bekannten Kur- und Ferienort. Ein modernst ausgestattetes Kurhotel bietet unter ärztlicher Betreuung in der Kurabteilung diverse Therapien, Packungen, Bäder und Massagen für Herz-, Kreislauf- und rheumatischen Beschwerden sowie Wirbelsäulenprobleme an.

Die erstmalige urkundliche Erwähnung des Ortes geht auf das Jahr 1331 zurück.

Im Jahre 1997 wurde das Freibad von Weißbriach nach umfangreichem Umbau seiner Bestimmung übergeben. Die Badeanlage ist eine wichtige Einrichtung für den Sommerfremdenverkehr und bietet mit Freizeit- und Spieleinrichtungen ein umfangreiches Erlebnisangebot für das ganze Tal.

Schneeglöckchen, die ersten Frühlingsboten

Die schattseitigen Hänge am Ende des Tales wurden für ein überschaubares Familienschigebiet erschlossen. Daneben bieten Langlaufen, Pferdeschlittenfahrten, Nachtrodeln und einiges mehr, Winterspaß für Einheimische und Gäste.

Auf einer kleinen Anhöhe oberhalb des Dorfes steht die katholische Pfarrkirche von St. Lorenzen im Gitschtal. Die mittelgroße Kirche mit gotischem Ostteil stammt aus dem 15. Jhdt., das neugotische Schiff aus der Zeit von 1866 - 1869. Das Innere der Kirche schmückt ein neugotischer Hochaltar. Ein Mittelbild des hl. Laurentius, Seitenbilder der hl. Petrus und Paulus, sowie Bilder der Seitenaltäre wurden in der Zeit zwischen 1863 und 1879 vom Maler Adam Brandstätter aus Kötschach i. Gailtale angefertigt.

Eine weitere katholische Pfarrkirche des Tales steht in Weißbriach, deren Errichtung mit dem Jahr 1520 angegeben wird. Das unscheinbare Äußere dieses Gotteshauses täuscht darüber hinweg, daß sich in seinem Inneren schöne alte Wandmalereien befinden, die zusammen mit einem reich verziertem Sternrippengewölbe den ganzen Chor schmücken. Die in ornamentaler Rahmung dargestellten christlichen Motive sind mit den Jahreszahlen 1616 und 1627 bezeichnet.

Im 16. Jhdt. breitete sich auch im Gitschtale die Reformation aus. Die Lehre Martin Luthers wurde von eingewanderten Bergknappen aus Sachsen in die Täler getragen.
Durch die Auswirkungen der Gegenreformation mußten die Lutheraner ihren Glauben im Verborgenen ausüben, worauf noch heute geheime Örtlichkeiten hinweisen, wie z.B. die „Hundskirche" in der Kreuzen am Weg zum Farchtnersee, wo an einer Felswand im Wald verschiedene Zeichen eingemeißelt sind, die in einer Zeichensprache auf die damaligen Umstände hinweisen.
Erst das 1781 von Kaiser Josef II. erlassene Toleranzpatent ermöglichte wieder die freie Ausübung. Im Jahre 1783 wurde in Weißbriach das erste evangelische Bethaus errichtet und 1882 - 1886 erfolgte dann der Neubau der evangelischen Kirche (ohne Bild).

Gemeinde Weißensee

Eingebettet zwischen den Bergzügen der Spitzegel- und Latschurgruppe, in einer West-Ost verlaufenden Furche der Gailtaler Alpen, liegt in 930 m Seehöhe der fjordähnliche, 11,6 km lange Weißensee. Bei Santonino (1485/87) wird der See als „lacus albus" bezeichnet und sein Grund sei so tief, daß ein 100 Fuß langes Seil ihn nicht erreicht. Heute weiß man, daß seine größte Tiefe 99 m und die maximale Breite 900 m beträgt. Er ist der viertgrößte See Kärntens und der „reinste und höchstgelegenste Badesee der Alpen". Namengebend ist der aus Kalkschlamm bestehende, weiße Uferstreifen, der vor allem von höher gelegenen Aussichtspunkten gut erkennbar ist. Nur zwei Drittel des Sees sind verbaut. Die teilweise steil ins Wasser abfallenden Talhänge in der östlichen Hälfte haben eine Verbauung seit jeher verhindert. Somit blieb dieser Teil des Sees von einer Besiedelung verschont und die Naturbelassenheit der beiden Ufer weitgehend erhalten. Dieser Abschnitt ist nur auf einem Fußweg zu durchwandern, denn vom besiedelten Westteil des Sees führt keine Verkehrsverbindung zum Ostufer. Dieses ist nur vom unteren Drautal aus, über Stockenboi erreichbar. Die Westseite des Hochtales erreicht man über die Kreuzbergstraße zwischen den Orten Greifenburg im Drautal und Weißbriach im Gitschtal.

Die frühen Siedler waren Jäger und Fischer. Daß die Fischerei bis in die letzten Jahrhunderte die wichtigste Einnahmequelle war, beweist der Umstand, daß die Abgaben an die Grundherrschaft in Fischen bestanden. Heute noch gebräuchliche Gebäude-, Flur- und Ortsnamen weisen auf die Keltenzeit und die spätere slawische Besiedelung hin. Die erste urkundliche Nennung des Weißenseegebietes stammt aus dem Jahre 1075. Starke Verbreitung fand auch hier die Glaubenslehre Martin Luthers. Daß das Gebiet bei der folgenden Gegenreformation vergessen wurde, ist wohl die Ursache, daß sich nach der Verlautbarung des Toleranzediktes Kaiser Josefs II. im Jahre 1781, 100% der Einwohner als lutherisch bekannten. Im Jahre 1782 erfolgte die Gründung der evangelischen Pfarrgemeinde Weißbriach – Weißensee. Im Jahr darauf wurde das erste evangelische Bethaus errichtet.

Die etwas über 700 Einwohner zählende Gemeinde setzt sich aus den am Nordufer und am westlichen Teil des Sees gelegenen Ortsteilen Neusach, Techendorf, Gatschach, Oberdorf und Praditz und dem im Mittelteil des Sees am Südufer liegenden Ort Naggl zusammen. Wirtschaftlich war das Gebiet in den letzten Jahrhunderten von der Landwirtschaft geprägt, wobei der Bergbau und durch diesen bedingt die Köhlerei ebenfalls eine Rolle spielten. Sogar eine 1600 gegründete Glasindustrie im Bereich der Bodenalm (Tscherniheim) hatte bis 1879 Bestand. Die heute dominierende Fremdenverkehrswirtschaft begann sich im ausgehenden 19. Jhdt. zu entwickeln. Erste Zahlen sind aus dem Jahre 1890 bekannt und schon 1895 wurde der erste „Förderungsverein Weißensee" gegründet. Um die Jahrhundertwende wurden bereits 150 Gäste gezählt. Das verstärkte Bemühen um bessere Unterbringungsmöglichkeiten, Ausbau der notwendigsten Bade- und Bootsfahrtmöglichkeiten und der Gastronomie brachte eine weitere Aufwärtsentwicklung, die mit dem Beginn des 1. Weltkrieges unterbrochen wurde. Mit dem Ausbau der Kreuzbergstraße (1925) setzte sich die unterbrochene Entwicklung fort und im Jahre 1938 zählte man bereits 35000 Nächtigungen. Der 2. Weltkrieg brachte neuerlich eine Unterbrechung, aber schon 3 Jahre danach war der Stillstand überwunden.

Durch die exponierte Lage zwischen Gail- und Drautal ist das Hochtal mit dem See geographisch eigentlich beiden Teilen zuzuordnen. Obwohl die Gemeinde zum politischen Bezirk Spittal an der Drau gehört, tendiert sie tourismusmäßig stärker zum politischen Bezirk Hermagor, was mit dem Beitritt zur Karnischen Region im Jahre 1989 zum Ausdruck kam. Die geographische Nähe zum Gailtal und die Ausrichtung der touristischen Wirtschaft zur Karnischen Region waren auch die Beweggründe für die Einbeziehung in dieses Buch.

Zwischen den Gailtaler Alpen (rechts) und der Goldeckgruppe (links) liegt in 930m Seehöhe der fjordähnliche, 11,6 km lange Weissensee.

Im Jahre 1926 wurde erstmals der linienmäßige Schiffsverkehr mit einem 15sitzigen Motorboot aufgenommen.
Um die Reinheit des Seewassers aufrecht zu erhalten, sah sich die Gemeinde 1961 veranlaßt, mit einer Verordnung den stark zunehmenden Motorbootverkehr mit wenigen Ausnahmen einzuschränken.

Eine Attraktion besonderer Art am Weißensee sind die von der 1952 gegründeten Trachtenkapelle Weißensee in den Sommermonaten veranstalteten Seekonzerte. Am westlichen Ende des Sees begibt sich die Kapelle auf ein Holzfloß, das dann, angetrieben von einem kleinen Boot, an mehreren Anlegestellen hält, wo die Kapelle dann jeweils ihre musikalischen Vorträge zum Besten gibt. Endstation der musikalischen Seefahrt ist die Seebrücke, die dann eher einer Zuschauertribüne gleicht als einer Brücke.
Die **Seebrücke** vom Weißensee, die einzige Österreichs!
„Sie gehört zum Weißensee wie der Großglockner zu Heiligenblut und Maria Wörth zum Wörthersee" (Meierbrugger). Im Zuge der Rodung und Nutzung der breiten Flächen am Südufer wurde schon vor vielen Jahrhunderten eine Verbindung zwischen den Ufern des Sees notwendig. Die engste Stelle des Sees bot sich dafür am besten an. Bereits aus der Mitte des 14. Jhdts. gibt es Hinweise auf eine Holzbrücke. Über viele Jahrhunderte war sie eine wichtige Verbindung zwischen den Siedlungen am Nord- und den Kulturflächen am Südufer. Um Erntegut aber auch an anderen Stellen über den See zu bringen, baute man für den Feldwirtschaftsverkehr gezimmerte Flöße, auf denen die Erntewagen mitsamt Gespann, Geräten und Leuten über den See gerudert wurden. Das Einsetzen der Motorisierung und die Zunahme des Fremdenverkehrs brachte eine immer stärker werdende Belastung, der die alte Holzbrücke nicht mehr gewachsen war. Die Baufälligkeit erzwang 1956 die Sperre des Autoverkehrs und damit hatte für das unter Denkmalschutz stehende Bauwerk die Todesstunde geschlagen. Damit versank ein altes Relikt unserer Ahnen.
Im Jahre 1967 wurde der Neubau begonnen, der als Stahlbeton-Verbundkonstruktion die See-Enge bei Techendorf mit einer Länge von 118 m und einer Breite von 8,60 m auf vier Pfeilern überspannt.

Der zweisaisonale Fremdenverkehr begann am Weißensee mit dem Bau eines Doppelsesselliftes im Jahre 1967. Damit wurde das Schigebiet Naggleralm erschlossen, das mit dem Bau einer Viererbahn im Jahre 1995 eine starke Erweiterung des Wintersportbetriebes erfuhr. Eine sportliche Alternative zum Schilaufen bietet der Weißensee im Winter, mit der größten (6,5 km²), beständig zugefrorenen Natureisfläche Europas. Auf dieser Natureislaufbahn findet seit Jahren alljährlich Europas größtes Eissport-Spektakel statt.

Tausende von Eisschnelläufern, vorwiegend Niederländer, treffen sich hier beim Eisschnellauf-Marathon der Volks- und Rennläufer, um bis zu 200 Kilometer unter die Eisschuhe zu nehmen.

Die zahlreichen Freizeit- und Sportangebote im Sommer wie im Winter machen das Weißenseegebiet zu einem der bekanntesten und beliebtesten Ferienregionen Kärntens.

Das Untere Gailtal
aus der Vogelschau.

Das Untere Gailtal umfaßt das Gebiet ab Hermagor bis zur Einmündung ins Villacher Becken und gliedert sich in vier geographisch unterschiedliche Abschnitte. Jeder Abschnitt besteht aus der eigentlichen Talsohle und einer bis zu 300 m höheren Terrasse. Während das Obere Gailtal durch eine 1-2 km breite Talsohle gekennzeichnet ist, die von der Gail durchflossen wird und auf der sich die teilweise auf seitlichen Schwemmkegeln liegenden Ortschaften befinden, verbreitert sich das Tal an der Einmündung des Gitschtales bei Hermagor bis auf 4 km und weist ab hier einen deutlich anderen Landschaftscharakter auf. Südöstlich von Hermagor trennt die Terrasse von Egg das Tal in zwei Hälften. Südlich davon liegt der eigentliche, etwa 1 km breite Talboden. Auf der Terrasse selbst liegen die Ortschaften und Weiler Fritzendorf, Micheldorf, Egg, Mellach, Dellach, Mellweg, Kreuth und Nampolach. Auf der nördlichen Talhälfte befinden sich die Siedlungen Obervellach, Khünburg, Paßriach und der Presseggersee mit dem ausladenden Schilfgürtel. Östlich davon bildet das Tal kurz wieder eine Ebene, um sich dann wieder in zwei verschieden hoch liegende Flächen zu teilen. Im 560 m tief liegenden, teilweise sumpfigen Talboden liegen nur die Orte Vorderberg und Emmersdorf, während auf der ca. 150 bis 300 m höher gelegenen, langgezogenen Hochfläche von St. Stefan, die sich bei Nötsch wieder ins Tal absenkt, die Ortschaften Förolach, Görtschach, Köstendorf, St. Stefan, Matschiedl, Tratten, Kerschdorf, Wertschach, St. Georgen, Labientschach u. a. liegen. Die Orte Nötsch und Feistritz befinden sich wieder in der Talsohle, während östlich von Feistritz auf der südlichen Talhälfte die dritte Hochfläche mit den Orten Achomitz, Dreulach, Draschitz, Göriach und Hohenthurn beginnt. Östlich fällt dieselbe bei Arnoldstein wieder in den breiten Talboden ab, der dann weiter östlich ins Villacher Becken mündet. Eine vierte Hochfläche liegt südlich von Arnoldstein, mit der Ortschaft Seltschach und Agoritschach (siehe auch Luftbild auf Seite 87 unten).

Gemeinde St. Stefan
im Gailtal

Am westlichen Ende der bereits beschriebenen Hochfläche liegt St. Stefan, gleichzeitig Hauptort und Sitz der Gemeindeverwaltung. Die heutige Gemeinde setzt sich seit 1973 aus den ehemals selbständigen Gemeinden Vorderberg und St. Stefan mit insgesamt 20 Ortschaften und Weilern zusammen, hat eine Ausdehnung von 66,24 km² und rund 1900 Einwohner. Während das Dorf Vorderberg in der tiefen Talsohle liegt, befinden sich alle anderen, zur Gemeinde zählenden Siedlungen auf der genannten Hochfläche. St. Stefan ist die östlichste Gemeinde des Bezirkes Hermagor.

Schon aus der Zeit um 1300 wird der Ort mit „sand Stephan bey der Geyle" bezeichnet. Um sich von den 9 Orten in Kärnten, die denselben Namen tragen, zu unterscheiden, wurde früher der Ort unter der Bezeichnung „St. Stefan an der Gail" geführt, was den Unwissenden ein wenig irritiert haben mag, da weit und breit keine Gail in Sichtweite ist, denn diese fließt in ca.1,5 km Luftlinie entfernt, bei Vorderberg durch das Tal. Heute verwendet man daher die Form „St. Stefan im Gailtal".

St. Stefan wird urkundlich im Jahre 1252 erstmals genannt, jedoch soll die Pfarre, der Überlieferung zufolge, bereits im 9. Jhdt. gegründet worden sein. Bis ins vorige Jahrhundert war der Bergbau auch für diese Gegend von wirtschaftlicher Bedeutung. So wurde z.B. auf der Windischen Höhe bis zu Anfang des 18. Jhdts. Blei abgebaut und in der Ortschaft Tratten stand ein Bleischmelzwerk. Neben der landwirtschaftlichen Prägung hat sich die Gemeinde seit einiger Zeit auch als Erholungsraum einen Namen gemacht. Nordwestlich der Ortschaft St. Stefan führen die 14 Stationen eines Kalvarienberges zu einer Hochfläche mit der im Jahre 1771 erbauten Kalvarienkapelle und dem Friedhof. In den Jahren 1919 und 1925 wurden bei Feuersbrünsten fast alle Häuser des Ortes ein Raub der Flammen. Die letzte große Brandkatastrophe ereignete sich im Mai 1965, bei der das Schloß Greifenstein, der Kirchturm und einige weitere Objekte in Mitleidenschaft gezogen wurden.

Bild unten: **St. Stefan** mit Blick gegen die Julischen Alpen

St. Stefan im Luftbild

Der Name der ehemals selbständigen Gemeinde **Vorderberg** ist wohl von seiner Lage „vor dem Berg" abgeleitet, denn hier beginnt die bereits beschriebene Hangstufe von St. Stefan. Die Ortschaft liegt im flachen Talboden (565 m). Am nördlichen Ortsrand fließt die Gail vorbei, wo auch die Bahnstation der Gailtalbahn liegt. Urkundlich wird Vorderberg erstmals schon im Jahre 1212 genannt. Eine schwere Brandkatastrophe suchte die Ortschaft im Jahre 1914 heim, bei der 42 Häuser zur Gänze zerstört wurden. Der Ort ist vorwiegend bäuerlich orientiert, wobei der Fremdenverkehr als Nebenerwerb anzusehen ist.

Die Ortschaft Tratten ist eines der zahlreichen Dörfer auf der Hangterrasse von St. Stefan.

Eine Verbindungsstraße, die von der Ortschaft Matschiedl in 1110 m Seehöhe über die sogenannte Windische Höhe führt, verbindet das Gailtal mit dem Drautal. Im Bild vorne die Paßhöhe, im Mittelteil der breite Talboden des Gailtales und im Hintergrund die Julischen Alpen in Slowenien. Die Passhöhe ist ein beliebtes Ausflugsziel.

Nachdem das ehemalige Freibad dringend einer Generalsanierung bedurfte, entschloß sich die Gemeinde, dem Trend der Zeit entsprechend, für die Umgestaltung des Vorderberger Freibades nach ökologischen und ökonomischen Gesichtspunkten zu einem Erlebnis-Naturbad. Sehr schön in die umliegende Natur eingepaßt, ist die Anlage ein wichtiger Bestandteil für die Infrastruktur der Fremdenverkehrsgemeinde St. Stefan. Das Naturbad wurde 1997 seiner neuen Bestimmung übergeben.

Hoch über dem Presseggersee steht in 1005 m Seehöhe, auf einer Felsenkanzel, das denkmalgeschützte Kirchlein **St. Steben** am Berge. Anders als durch wundersame Vorfälle ist die Errichtung eines Heiligtums in dieser Abgeschiedenheit wohl nicht zu erklären. Der Bau gründet sich auf eine Legende, nach welcher vor vielen Jahren im Tal eine schwere Krankheit wütete. Um diesen Krankheitsgeist zu vertreiben, gelobten die abergläubigen Leute den Bau einer Kirche östlich des Presseggersees. Bei den Bauarbeiten gab es immer wieder Unfälle und die Zimmerleute verletzten sich auch, so daß Blut auf den Holzabfällen klebte. Durch diese Vorfälle entstand unter den Leuten der Zweifel an der Wahl des richtigen Standortes für die Kirche. Als am nächsten Tag ein Geißbub (Ziegenhirte) vom Berg herunter kam und erzählte, daß er oben auf einem Felsen teilweise mit Blut befleckte Holzspäne entdeckt hätte, die von Krähen vom Tal hinauf getragen wurden, war man überzeugt, daß dort oben der richtige Platz für den Kirchenbau sei. Und so folgte man dem Krähenhinweis und baute die Kirche dorthin. Seltsame Wunder- und Spukgeschichten rankten sich noch lange Zeit um das einschichtige Kirchlein „St. Stöben" (heute St. Steben), das im Jahre 1466 erstmals erwähnt wird.

Der bekannte Heimatforscher Matthias Maierbrugger schreibt in seinem Beitrag über St. Stefan und seine Schlösser: *„Um seine spitzbehelmte Kirche stehen nicht nur stattliche Häuser, sondern sogar zwei Schlösser, die mit noch zwei anderen Edelmannsitzen in der benachbarten Landschaft das stolze Besitztum der Herren von Aichelburg bildeten".* Die Urzelle dieser Güter war die Aichelburg, aus der die späteren Edelmannsitze Bodenhof, Greifenstein, Zossenegg, Bichlhof und Kerschenegg bei Kerschdorf hervorgingen. Aus einem Urbar (Güterverzeichnis) vom Jahre 1504 geht hervor, daß zu diesem Herrschaftssitz 60 Huben und sogar Almgebiete in den Karnischen Alpen gehörten. Nach einem Brand im Jahre 1691 wurde die Burg nicht wieder aufgebaut. Ruinenreste der Türme und der Ringmauer sind noch vorhanden. Die anderen ehemaligen Herrensitze bestehen heute noch als zum Teil private bäuerliche Liegenschaften, wobei sich Schloß Bodenhof noch immer im Besitz der Familie Aichelburg befindet. Der schönste Herrensitz aus den Aichelburgischen Gütern ist das im Jahre 1556 erbaute Schloß Greifenstein (im Bild). Durch wiederholte Brandschäden in Mitleidenschaft gezogen, wurde das Anwesen von den Besitzern immer wieder stilgerecht renoviert und ist heute noch ein besonderes Schmuckstück von St. Stefan.

Am südlichen Ausgang der Ortschaft St. Stefan, unmittelbar an der Straße, die nach Vorderberg und zur Bahnstation führt, steht einer der bedeutendsten Bildstöcke Kärntens, der auch als „Armesünderkreuz" bezeichnet wird. Die qualitätsvollen Fresken dürften um 1525 entstanden sein und aus der Villacher Schule des Urban Görtschacher stammen. Der unter Denkmalschutz stehende Bildstock selbst dürfte älter sein, zumal man 1959 zufällig die gotisch geschriebene Zahl 1499 entdeckte, die leider bei einer nachfolgenden Restaurierung übertüncht wurde.

Südlich der Ortschaft Vorderberg, am Eingang zur Vorderberger Klamm, steht die Filialkirche „Maria im Graben", deren Entstehung im Dunkeln liegt. Einer Überlieferung zufolge hatte ein Ritter von Starkhand (Schloßruine ober der Kirche) eine heilige Erscheinung, derzufolge er die Kirche bauen ließ. Das Gotteshaus ist ein spätgotischer Langbau aus dem 15. Jahrhundert mit einem mächtigen Turm, dessen eigenwillige, meist unsymmetrische Dekormalerei ein Unikat darstellt. Das Kircheninnere schmücken viele Fragmente von freigelegten Fresken, ein Sternrippengewölbe im Chor, figürliche Deckengemälde im flachgedeckten Schiff mit der Jahreszahl 1719 und gotische Fresken von 1887. Ein aus dem 17. Jahrhundert stammender, durch seine architektonische und farbliche Ausgeglichenheit beeindruckender Hochaltar ist das Herzstück des Kirchenraumes und wird als friaulisch-venezianische Arbeit bezeichnet (Bild). Nach Aussagen in einer Pfarrchronik ist anzunehmen, daß die Kirche älter ist als das dortige Gnadenbild, welches aus dem Jahre 1360 stammen soll.

Die Pfarrkirche von Vorderberg (ohne Bild) wurde im ausgehenden 15. Jhdt. den zwei Heiligen Petrus und Paulus geweiht. Der gedrungene, spätgotische Bau wird vom auffallend mächtigen Turm beherrscht. Fragmente von spätgotischen Wandmalereien, weitere Gemälde mit neutestamentlichen Motiven, sowie Fresken einer spätgotischen Ausstattung unter der Tünche und Bilder aus der zweiten Hälfte des 16. Jhdts. an der Decke, befinden sich im Innenraum der Kirche. Der Hauptaltar und die übrige Einrichtung stammen aus der Zeit um 1700, bemerkenswert ist ein spätgotischer Flügelaltar aus der Filialkirche „Maria im Graben".

Der große und für seine Zeit bekannte Geschichtsschreiber J. W. Freiherr von Valvasor aus Krain beschrieb vor über 300 Jahren „eine hübsche, große Kirchen auf einem hohen Berg im Geylthale". Gemeint ist die anno 1252 erstmals erwähnte Kirche von St. Stefan. Sie ist das zweitälteste Gotteshaus des Tales und stand bereits 1275 im Rang einer Pfarrkirche. Als Mutterpfarre des Unteren Gailtales konnte sie sich die Eigenständigkeit zwischen den Urpfarren St. Johann im Osten, das angeblich durch den Dobratschabsturz 1348 verschüttet wurde, und Hermagor im Westen, bewahren und unterstand nicht dem Archidiakonat des Klosters Arnoldstein. Eine legendäre Vorgängerin soll aus der Zeit um 800 n. Chr. stammen. Die besonders anmutige, spätgotische Hallenkirche weist im Inneren eine reichhaltige und stilvolle Einrichtung auf, von der die schwere Säulenarchitektur und ein wunderschönes Sternrippengewölbe aus dem 15. Jhdt. (Bild) bemerkenswert sind. Eindrucksvoll verbindet der Kirchenraum Elemente der Gotik mit dem Barock, was sich vor allem an den goldgleißenden, farbenprächtigen Schnitzbildwerken am Hochaltar, aus der Zeit um 1470, zeigt. Bemerkenswert auch die bunte Glasmalerei an den Kirchenfenstern (Bild).

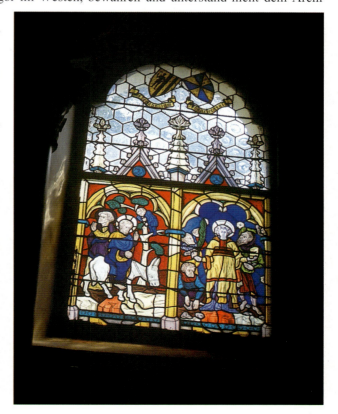

Marktgemeinde Nötsch

Die Bezeichnung **"Malerisches Dorf"** kann Nötsch im Gailtal in zweifacher Hinsicht in Anspruch nehmen. Dies nicht nur wegen seiner Lage am Fuße des Dobratsch, sondern auch wegen des Rufes, Heimat des "Nötscher Kreises" zu sein, einer Malergruppe, die hier ihren Stil gefunden hat (siehe Seite 73). Die Marktgemeinde Nötsch umfaßt 3 Katastralgemeinden mit 17 Ortschaften, die verstreut in einer Höhe von 560 m bis gegen 1000 m liegen. Neben dem Hauptort Nötsch sind dies: Labientschach, Saak, Förk, Emmersdorf, Dellach, St. Georgen, Wertschach, Kühweg, Kreublach, Poglantschach, Michelhofen, Semering, Glabatschach, Kerschdorf, Bach und Hermsberg. Die dem politischen Bezirk Villach-Land zugehörige Gemeinde erstreckt sich über 42,66 km² und hat rund 2200 Einwohner.

Die erste urkundliche Nennung geht auf das Jahr 1253 zurück, obwohl der Ort Emmersdorf (aus Edmarsdorf) schon um 1070 erwähnt wird. Eine Gemeinde Emmersdorf scheint bereits 1850 auf und im Jahre 1960 erfolgte die Umbenennung in Gemeinde Nötsch, wo auch die Verwaltung ist. In diesem Jahr wurde auch das Gemeindewappen mit Fahne verliehen. Mit Landtagsbeschluß vom 18. 2. 1999 wurde Nötsch zur Marktgemeinde erhoben. Der Name des Ortes kommt aus dem Alt- und Mittelhochdeutschen "Nezz-ach", oder auch "Netz-ach", was soviel wie "Ache" (= Bach) bedeutet, der das Tal oder die Ufer "benetzt" (überschwemmt), was in der Vergangenheit oft der Fall war, zuletzt in den Jahren 1963 und 1965.

Es wird berichtet, daß anläßlich einer großen Überschwemmung im letzten Jahrhundert Kaiser Franz Josef selbst 1000 Gulden spendete. Ein besonderes Ereignis war der Besuch von Kaiser Karl und Kaiserin Zita im Juni 1917 anläßlich der Kriegshandlungen an der Karnischen Front. Im Dezember 1944 erlebte der Ort Nötsch für kurze Zeit hautnah den 2. Weltkrieg, als Flugzeuge der Alliierten einige Bomben abwarfen. Dabei kamen der Nötscher Maler Franz Wiegele, seine Mutter und seine Schwester ums Leben. Der Malerfreund Anton Kolig wurde schwer verletzt.

Das Ende einer unendlichen Geschichte (seit 1937) ist die Fertigstellung des **Gailtalzubringers,** einer neuen, 7,5 km langen Straßenverkehrsverbindung von der Autobahn bei Arnoldstein bis zum Knoten Nötsch, die den Raum Nötsch-Feistritz und den westlichen Talbereich besser mit dem internationalen Verkehrsnetz und dem Ballungszentren des Villacher Zentralraumes verbindet.

Das Bild unten zeigt den Ort Nötsch, mit einigen auf der nordwestlichen Hangterrasse liegenden Ortschaften.

Die Ortsteile Saak und Förk bei Nötsch am Fuße des 2166 m hohen Dobratsch, mit dem Zivilflugplatz rechts im Bild.

Die Ortschaft Kerschdorf liegt auf der Hochfläche zwischen St. Stefan und Nötsch und scheint urkundlich erstmals im Jahre 1253 auf. Der am südlichen Ortsrand stehende, spätgotische Bau der Filialkirche zum hl. Nikolaus, mit dem mächtigen Turm, wird urkundlich 1482 und 1530 erwähnt.

In landschaftlich reizvoller Lage präsentieren sich die zahlreichen Dörfer und Weiler auf der Hangterrasse zwischen St. Stefan und Nötsch, dem „Sonnenbalkon" des unteren Gailtales. Im Hintergrund die Spitzegelgruppe.

Vertreter zweier Jahreszeiten sind die zur Familie der Hahnenfußgewächse zählende Schneerose, auch Christrose genannt (links) und die zur Familie der Liliengewächse gehörende Herbstzeitlose (rechts). Beide Arten stehen unter Schutz und kommen häufig im Gailtal vor.

Das „Gailtaler Bergbad" in Wertschach, mit seinem reichhaltigen Freizeit- und Spielangebot, ist für die ganze Umgebung ein wichtiger Bestandteil der Infrastruktur. Das Freibad und ein unmittelbar daneben liegender Campingplatz bieten dem Urlaubsgast sowie der heimischen Bevölkerung individuellen Feriengenuß und Freizeitspaß.

Im östlichen Teil von Nötsch liegt der Ortsteil **Saak**, der durch seine denkmalgeschützten Häuser bekannt ist. An beiden Seiten einer kurzen Seitenstraße stehen die meist zweigeschossigen Häuser, mit teils rundem Torbogen und Holzoberbau, die alle mehr als 200 Jahre alt sind.

Die Löwenburg
am Dobratsch.

So wurde jene wehrhafte Feste des Mittelalters genannt, deren Nachfolger das oberhalb von Nötsch-Saak, auf einer Terrasse liegende Schloss Wasserleonburg ist, welches heute noch besteht. Der noch gebräuchliche Name „Alte Burg" für ein Flurstück etwa 1 km östlich, weist auf den Standort der ursprünglichen Feste hin, die beim großen Dobratschabsturz im Jahre 1348 angeblich zerstört und verschüttet worden sein soll. Die ehemalige Burg wird in einer Urkunde des Jahres 1253 als *Lewenburch* benannt, auch die Bezeichnung *Leonburg* oder *Leumburg* war üblich. Ein Löwe im Wappen gab der Burg den Namen, die am alten Standort nicht wieder errichtet wurde, dafür wählte man weiter westlich einen sicheren Platz. Die Verlagerung dorthin kann in die zweite Hälfte des 14. Jhdts. und in das beginnende 15. Jhdt. angenommen werden. Der heutige Name Wasserleonburg bezieht sich vermutlich auf den durch den Dobratschbergsturz im Talboden entstandenen Stausee, der später jedoch wieder verschwand.

Die Burg war ehedem bambergisches Lehen. Kaiser Heinrich II. (der „Heilige") hat das von ihm gegründete Bistum Bamberg hier an der Eingangspforte nach Italien mit reichem Besitz ausgestattet, um damit den strategisch wichtigen Heerweg in verläßlichen Händen zu wissen. Waren doch die geistlichen Fürsten die tragenden Säulen des römisch-deutschen Kaiserreiches. Die Lehensnehmer wechselten in bunter Reihenfolge, bis das Schloss mit den dazugehörigen Ländereien Anfang des 16. Jhdts. in bürgerlichen Besitz überging, in dessen Händen das Anwesen heute noch ist. Ein bemerkenswertes Ereignis war der Aufenthalt des abgedankten englischen Königs, Eduard VII., der auf dem Schloß im Jahre 1937 mit seiner Gattin die Flitterwochen verbrachte. Von der ehemaligen Löwenburg, die durch Um- und Zubauten das heutige Aussehen erhielt, ist der gotische Bergfried mit gezackter Zinnenkrone noch erhalten.

Auf der Hochfläche zwischen St. Stefan und Nötsch liegt die Ortschaft St. Georgen, die im Jahre 1365 erstmals als Pfarre genannt wird. Dort steht am südwestlichen Ortsrand, vom ummauerten Friedhof umgeben, die im Jahre 1212 urkundlich erwähnte Pfarrkirche. Auffallend ist der straßenseitige, massige Turm und an der Außenwand im Jahre 1978 aufgedeckte Wandmalereien aus der Zeit des 14. bis 15. Jahrhunderts.

Westlich von Nötsch liegt der kleine Ort Emmersdorf, wo etwas erhöht am Waldrand die urkundlich 1590 erwähnte Filialkirche zum hl. Bartholomäus steht. Auffallend ist der niedrige Turm mit barokker Zwiebelhaube.

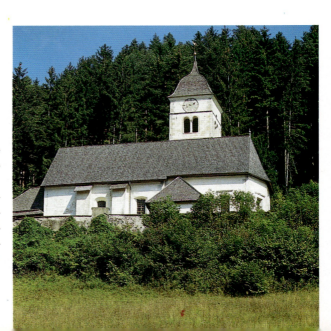

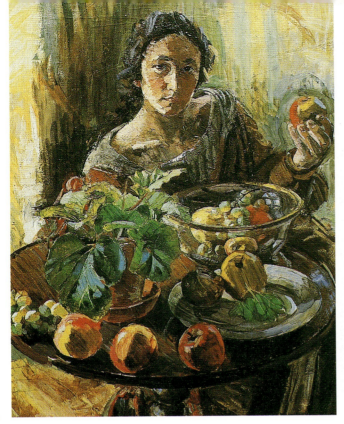 

Frauenbildnis mit Früchten v. Franz Wiegele   Windische Bäurin v. A. Mahringer

Der Nötscher Kreis

„Österreichs bedeutendste Künstlerkolonie des 20. Jahrhunderts", beschrieb eine Kärntner Tageszeitung den **Nötscher Kreis**, einen losen Zusammenschluß von einigen Künstlern, deren Wirken sich gegen Ende des 1. Weltkrieges für einige Jahrzehnte nach Nötsch im Unteren Gailtale verlagerte. Die Mitglieder dieser Vereinigung waren die Maler Sebastian Isepp (1884 - 1954), Anton Kolig (1886 - 1950), Franz Wiegele (1887 - 1944) und Anton Mahringer (1902 - 1974). Das Spezifische des malerischen Wirkens dieser Gruppe lag in der unmittelbaren Naturbeziehung, in der Darstellung von Landschaften und des menschlichen Körpers. Der Neffe von Franz Wiegele, Dr. Peter Paul Wiegele beschreibt die Malergruppe folgend: „Man muß sich das erst einmal vorstellen. Ein Dörfchen mit damals rund 30 Häusern läuft der Millionenstadt und Metropole Wien für zwei Jahrzehnte in der Malerei den künstlerischen Rang ab". Die „Nötscher" Isepp, Wiegele und der eingeheiratete Kolig erregten schon vor dem 1. Weltkrieg enormes Aufsehen in der Ausstellung der „Neukunstgruppe"- Gegenbewegung zur erst 10 Jahre alten Sezession -1911 im Hagenbund/Wien u. a. mit Gustav Klimt und Oskar Kokoschka. Anton Mahringer, der als Koligschüler erst in den 30er Jahren nach Nötsch kam, gelangt aus seinen Wurzeln im deutschen Expressionismus zu einer faszinierend kristallinen Bildauflösung.

Auf Initiative des Vereines „Freunde des Nötscher Kreises", zu dem auch Nachkommen und Verwandte der Künstler zählen, wurde das seit längerem geplante Projekt eines Dokumentations-Museums des Nötscher Kreises im Jahre 1998 verwirklicht.

Ermöglicht wurde dies durch die bereitwillige Zurverfügungstellung der benötigten Räumlichkeiten im Geburtshaus von Franz Wiegele durch Frau Hermine Wiegele und ihrem Mann, Fred Wiegele, dem Neffen von Franz Wiegele. Auf einer Ausstellungsfläche von 200 m² können Bilder, Erinnerungsstücke, Dokumente und Fragmente des Wirkens der Künstler besichtigt werden. Das Projekt wurde durch großzügige, finanzielle Unterstützung seitens der Gemeinde und vor allem des Landes Kärnten ermöglicht.

In der Kunstmühle Wiegele, wo schon bisher feinste Mehlsorten für die Erzeugung von Backwaren gemahlen wurden, wird nun in zweifacher Hinsicht der **Ma(h)lerei** gewürdigt. Und man hat es hier im wahrsten Sinn des Wortes mit Kunst und Ma(h)len zu tun.

In 550 m Seehöhe liegt der „Gailtaler Flugplatz", einer der schönsten Zivilflugplätze Österreichs, mit den Ausmaßen von 1000 x 100 Meter. Das Oberkärntner Segelflugzentrum steht im Eigentum des 1958 gegründeten Flugsportvereines Nötsch - Arnoldstein und auch die Segelfliegergruppe Villach hat hier ihren Standort. Beliebt ist der Flugplatz wegen seiner günstigen Lage für Streckenflüge, die bis in die Schweiz führen, und der vorzüglichen Thermik am Dobratschmassiv. Der erste Teil der flugsportlichen Tätigkeiten wurde noch auf gepachtetem Grund abgehalten, erst 1991 wurde das derzeitige Gelände im Kaufwege erworben und steht seit damals im Eigentum des Vereines, eine wohl einmalige Situation in Österreich. Der Flugplatz ist von 1. April bis 30. September geöffnet und weist mit über 4200 Flugbewegungen im Jahr eine beachtliche Frequenz auf. Seit kurzem haben auch Flugzeuge aus Nicht-EU-Ländern Landeerlaubnis.

Marktgemeinde Bad Bleiberg

Zwischen dem Dobratsch (Villacher Alpe) und dem Erzberg liegt in etwa 900 m Seehöhe das 6 km lange Bleiberger Hochtal, das östlich bei Villach in das Untere Drautal und im Südwesten bei Nötsch in das Gailtal einmündet, es ist daher auch ein Seitental des Gailtales. Dieser Umstand und die durch den Bergbau bedingte wirtschaftliche Ausrichtung zur Marktgemeinde Arnoldstein waren ausschlaggebend für die Aufnahme dieser Region in dieses Buch.

Diese Talschaft ist seit über 600 Jahren durch den Bleibergbau geprägt, der dem Tal auch seinen Namen gab. Die Geschichte des Bleibergbaues in Kärnten reicht weit in uralte Zeiten zurück, wie Funde bei Fróg im Rosental und am Magdalensberg aus der Zeit um 800 bis 50 v.Chr. belegen. Wann der Abbau von Blei in dieser Gegend begann, konnte bislang nicht genau festgestellt werden. Erste Hinweise gibt eine Urkunde v. 24. Juni 1333, in der von *Pleyberg bey Villach* die Rede ist, aber schon 1267 wird die Heinrichskapelle in Kreuth in einer Urkunde erwähnt. Bereits um die Mitte des 15. Jhdts. waren in Bleiberg zahlreiche Gruben in Betrieb und 1480 konnte eine erste Blüte des Bergbaues verzeichnet werden. Ab 1495 bis um die Mitte des 16. Jhdts. waren die Augsburger Fugger als Kaufherren in Bleiberg und Arnoldstein tätig. Unter Kaiserin Maria Theresia ging der Bleibergbau in Staatsbesitz über und 1867 erfolgte der Zusammenschluß der Einzelgewerken zur Bleiberger Bergwerksunion (BBU). Da neben dem Bleiglanz auch Zinkblende in den Lagerstätten vorkommt, wurde auch die Zinkerzeugung vorangetrieben. Auf Grund der allgemeinen Wirtschaftskrise wurde der Bergbau 1931, und dann nochmals nach dem Ende des 2. Weltkrieges kurzzeitig eingestellt und 1946 wurde die BBU verstaatlicht. Nach Jahrzehnten des wirtschaftlichen Erfolges und diversen Umstrukturierungen schien eine nachhaltige Gesundung der BBU-Gruppe über die Jahrtausendwende hinaus gesichert, doch es kam anders.

Schon zu Beginn der 80er Jahre zeichneten sich wirtschaftliche Schwierigkeiten ab, die aber durch Bereitstellung finanzieller Mittel von Eigentümer und Staat und durch rigorose Änderungen der Unternehmensstrategie nochmals abgefangen werden konnten. Das neue Strukturkonzept sollte einen geordneten Rückzug aus dem Bergbau und der Zinkhütte bis zum Jahre 2000 bewirken. Politische Umwälzungen in Europa (Ostblock), Nachfragerückgang bei Zink, erhöhte Angebote aus Übersee, Preisverfall u.a.m. brachten trotz letztmaliger, großer Anstrengungen schließlich das Aus für den Bergbau. Nach urkundlich nachweisbaren 660 Jahren Bergbautätigkeit wurde im Oktober 1993 der letzte „Hunt" aus dem Blei-Zinkerzbergbau gefördert. Damit endete die bergbauliche Periode für das Bleiberger Tal.

Eine historische Begebenheit, die in den Bleiberger Knappenspielen seit Jahrzehnten weiterlebt, soll hier kurz angeführt werden. Als im Jahre 1717 der österreichische Feldherr Prinz Eugen von Savoyen in der Entscheidungsschlacht bei Belgrad die Türken besiegte, waren Bleiberger Knappen wesentlich an diesem Erfolg beteiligt. Die Bleiberger „Schwarzen Maulwürfe" dienten als Mineure und Sappeure in der Armee und hatten vom Prinzen den Auftrag, die auf dem Berg Kalimaydan verschanzten Türken mittels Stollen zu untergraben und sie durch Sprengung mit Schwarzpulver in die ewigen muslimischen Jagdgründe zu befördern. Eine zum Dank vom Prinzen überreichte erbeutete türkische Fahne ist noch erhalten. Es wird auch berichtet, daß bei dieser Schlacht Blei aus Bleiberg für die Munition verwendet worden sein soll.

Als Fundgrube von seltenen Mineralien wurde Bleiberg schon 1785 von Franz Xavier Freiherr von Wulfen erkannt. Nach ihm wurde nicht nur die blaue Blume vom Naßfeld, sondern auch das Mineral Gelbbleierz (Wulfenit, Bild unten) benannt.

Das Luftbild zeigt den Mittelteil des langgezogenen Hochtales von Bleiberg - Kreuth, eingelagert zwischen dem 1516 m hohen Erzberg im Norden und dem Gebirgszug der 2166 m hohen Villacher Alpe (Dobratsch) im Süden. Die um die 3400 Einwohner zählende Marktgemeinde Bad Bleiberg ist verwaltungsmäßig dem politischen Bezirk Villach - Land zugeordnet.

Der auch als Schriftsteller bekannte und berühmte Arzt Theophrastus Bombastus von Hohenheim, Paracelsus genannt, schrieb in seiner **„Chronica und Ursprung des Landts Kerndten"** im ersten Drittel des 16. Jhdts. folgendes über das Bergbaugebiet: *„Auch sind mancherley bergwerk in diesem land / mer dann in anderen / zu Bleyberg ein wunderbarisch bleyerz / das nit allain Germaniam auch Panoniam / Turciam und Italiam mit bley verlegt . . ."* Heute ist der mächtige Turm des Antoni - Hauptschachtes das neue Wahrzeichen des ehemaligen Bergbaugebietes (im Bild mit Nebengebäuden aus der Vogelschau). Hier befindet sich auch der Eingang zur „Wunderwelt im Berg".

Um den Umstieg in die Nachbergbauzeit zu erleichtern, hat man mit Ideenreichtum und viel Engagement neue Attraktionen in den aufgelassenen Stollen des Bergwerkes geschaffen. Einrichtungen wie der Erlebnisstollen „Terra Mystica", der Heilklimastollen „Terra Medica" und die untertägige Festspielhalle „Terra Musica", sowie ein Bergbaumuseum mit Mineralienschau, das 700 Jahre Bergbaugeschichte zeigt, machten die ehemalige Bergbauregion zusammen mit dem Thermalbad als Erlebnis- und Gesundheitszentrum weitum bekannt.

Durch ein Ereignis besonderer Art entwickelte sich die vormalige Bergbaugemeinde Bleiberg zu einem aufstrebenden Kur- und Erholungsort. Am 9. März 1951 erfolgte in etwa 650 m Tiefe aus einem Sprengbohrloch ein Wassereinbruch, der zunächst zu einer Katastrophe führte. Mit einem Druck von 57 bar strömte 29 Grad (Celsius) warmes Wasser mit einer Schüttung von zunächst nahezu 2800 Litern/min. aus dem Bohrloch, das dann in der Folge Teile des betroffenen Stollensystems überflutete.

Es dauerte viele Monate, bis man das Ereignis unter Kontrolle hatte und man daran gehen konnte, das Thermalwasser wirtschaftlich zu nutzen. Schon während der Bewältigungsarbeiten waren gewisse heilende Wirkungen des Wassers bei den Arbeitern aufgefallen. Untersuchungen brachten dann die Gewißheit, daß es sich um eine akratische, uranhaltige Calcium-Magnesium-Hydrokarbonat-Therme handelt, die am 31.12.1959 amtlich zur Heilquelle erklärt wurde. Durch den Eigendruck braucht das Wasser über die ersten 380 m Höhendifferenz nicht hochgepumpt zu werden. Erst ab dort wird es dann mittels Pumpstation über Druckrohrleitungen die letzten 264 m ans Tageslicht befördert.

Nach Errichtung der notwendigen Kuranlagen, konnte am 1. November 1967 die erste, noch inoffizielle Inbetriebnahme des gemeindeeigenen Bades erfolgen. Im Juli 1969 wurde das Bleiberger Thermal-Hallen- und Freibad, mit angeschlossener Therapiestation, dann offiziell eröffnet.

Der zunächst als Katastrophe gewertete Wassereinbruch entwickelte sich so zum „weißen Gold" für die von der Bergbauschließung schwer betroffene Gemeinde. 1978 wurde dem Ort Bleiberg das Prädikat **„Bad"** zuerkannt und in der neuen Ortsbezeichnung **„Bad Bleiberg"** spiegelt sich die ganze Entwicklung, vom Bergbau zum aufstrebenden Badeort, wider.

Gemeinde Feistritz

Südlich der Gail im Talboden und noch vor der Höhenterrasse von Hohenthurn liegt die Ortschaft Feistritz (aus slaw. bistrica = Wildbach), zugehörig zum politschen Bezirk Villach-Land. Mit dem Ausmaß von 20 km² und 690 Einwohnern, ist Feistritz die kleinste Gemeinde des Gailtales und die einzige, die nur aus einer Ortschaft besteht. Der Ort kann aber trotzdem auf ein hohes Alter zurückblicken, wurde er doch schon im Jahre 1090 (nach neuesten Forschungen 1119) erstmals in einer Urkunde erwähnt. Gemeinsam mit 6 anderen Dörfern auf der Hochterrasse bildete Feistritz bis zum Jahre 1906 die Gemeinde Hohenthurn. Von 1906 bis 1972 war Feistritz eine eigenständige Gemeinde, kam dann wieder zu Hohenthurn, um 1990 wiederum zur selbständigen Gemeinde zu werden - also eine sehr bewegte Vergangenheit.

Neben einer bescheidenen Fremdenverkehrswirtschaft und etwas Kleingewerbe, ist die Gemeinde vorwiegend bäuerlich ausgerichtet. Bedingt durch den Dobratschbergsturz im Jahre 1348 erfolgte durch den Gailfluß ein starker Wasserrückstau, demzufolge die Acker- und Wiesenflächen im Talboden stark versumpften. Das auf den sauren Wiesen wachsende Futter war für die Rinderhaltung schlecht geeignet, wurde aber die Basis für die sich daraus entwickelnde Zucht von Norikerpferden im Unteren Gailtal. Feistritz wurde einer der Schwerpunkte in der Norikerzuchtregion. In der Zeit bis zum Überhandnehmen der Motorisierung war das Pferdefuhrwerk das wichtigste Transportmittel und gerade dafür eigneten sich die Schwergewichtler ganz besonders. Diesen Umstand verstanden die Untergailtaler Bauern als lukrative Einnahmequelle zu nützen, indem sie durch mehrere Jahrhunderte den Warentransport aus dem italienischen Raum bis nach Salzburg und Bayern besorgten. In den letzten Jahrzehnten wurden die sumpfigen Wiesen großteils entwässert.

Die mit Beginn der Technisierung der Landwirtschaft nicht mehr gefragten Zug- und Arbeitstiere haben in letzter Zeit in der Verwendung für den Freizeitsport wieder an Bedeutung zugenommen. Deshalb wird auch der Zucht wieder größeres Augenmerk zugewandt. In neugegründeten Zuchtvereinen ist man bestrebt, das Norikerpferd als Kärntner Kulturgut zu pflegen und zu erhalten. Um die alten Arbeitsformen nicht in Vergessenheit geraten zu lassen, wurde in Feistritz ein Pferdemuseum eingerichtet. Die traditionelle Pferdezucht und der alte Brauch des Kufenstechens finden den symbolischen Ausdruck im Gemeindewappen und der Willkommenstafel des Ortes.

Ein stattlicher Lindenbaum und die hoch über dem Dorf stehende Pfarrkirche beherrschen das Ortsbild von Feistritz.

Die Ortschaft Feistritz (im Vordergrund) mit Nötsch, vor der erhabenen Felskulisse des Dobratsch

Von der Abendsonne in gleißendes Licht getaucht, ragen die Berggipfel der Julischen Alpen hinter dem Dorf Feistritz empor.

Feistritz im Luftbild

Die Pfarrkirche von Feistritz, hoch über der steil abfallenden Felswand, ist das Wahrzeichen des Ortes.

Eine **„capella S. Martini"** wurde vor 1182 durch den Patriarchen von Aquileja dem friulanischen Kloster Mosach (Moggio) einverleibt. Vermutlich stand diese „capella" unten im Ort, wo sie bei einem Hochwasser beschädigt und dann auf dem Felsen hoch über dem Dorf Feistritz neu aufgebaut wurde, wo früher eine Burg Scharfenstein stand. Bemerkenswert ist der mächtige Turm mit dem gesimsgerahmten Glockengeschoß und dem achteckigen Obergeschoß. Der Turm hatte früher die Funktion eines Wehrturmes. Der heutige Kirchenbau ist eine stattliche, spätgotische Anlage aus der ersten Hälfte des 15. Jhdts, in deren Inneren sich an den Wänden und Gewölben des Chores im Jahre 1948 aufgedeckte Wandmalereien aus dem 15. Jhdt. mit alt- und neutestamentarischen Darstellungen befinden. Aus der Zeit der Neu- und Spätgotik und dem Spätbarock stammt die übrige Einrichtung des Kircheninneren.

Das Flachrelief einer Postkutsche ziert die Fassade des ehemaligen Gasthofes **Zur alten Post** in Feistritz und erinnert an die vergangene Zeit, als die Pferdekutsche noch als öffentliches Verkehrsmittel diente.

Gemeinde Hohenthurn

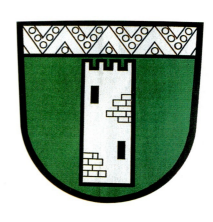

Der Bereich der Gemeinde Hohenthurn erstreckt sich über die gesamte, südlich der Gail liegende Hochfläche (600 bis 700 m hoch) und umfaßt seit der letzten Gemeindetrennung im Jahre 1991 die Ortschaften Achomitz, Göriach, Dreulach und Draschitz, letzteres als Gemeindesitz, sowie Stossau und Hohenthurn. In einer Urkunde des Jahres 1253 wird Hohenthurn erstmals erwähnt und wird dort als *Göströsdorf* benannt.

Die einstige Großgemeinde bestand aus den Katastralgemeinden Seltschach, Maglern, Hohenthurn, Dreulach und Feistritz. Mit 27 km² Ausmaß und ca. 880 Einwohnern, ist die Gemeinde heute die zweitkleinste des Gailtales und dem politischen Bezirk Villach-Land zugehörig. Die Gemeinde ist vorwiegend ländlich - bäuerlich ausgerichtet. Begrenzt wird das Gemeindegebiet im Süden von der Staatsgrenze zu Italien, im Osten vom Gailitz-Bach, im Norden vom Gailfluß und im Westen von der Gemeinde Feistritz.

Durch die Fertigstellung der neuen Verbindungsstraße zwischen Arnoldstein und Nötsch, (Gailtalzubringer) ist für die Orte, die auf der Hochterrasse liegen, einschließlich Feistritz, eine starke Verkehrsberuhigung eingetreten.

Das Luftbild unten zeigt alle Ortschaften der Gemeinde auf einen Blick, darüber den 2052 m hohen Oisternig.

Der wuchtige Turm der Filialkirche von Hohenthurn scheint mit dem Sendemast am Dobratsch zu wetteifern.

Die Ortschaft **Dreulach** mit Blick zum Dobratsch

Ein „Wegzeichen des Glaubens" nannte eine Kirchenzeitung den wunderschönen, denkmalgeschützten Bildstock, der mitten in der Ortschaft Dreulach steht. Der spätgotische Nischenbildstock wurde 1983 von Walter Campidell restauriert, wobei die schönen, barocken Fresken wieder zum Vorschein kamen. Den unteren Teil schmücken geöffnete Vorhangbahnen hinter Säulen. Der obere Teil unter dem Schindeldach besteht aus vier mit Rosengirlanden verzierten Nischen mit Bildern von Heiligenfiguren. Die Jahreszahl 1774 weist auf die Entstehung der Malerei hin.

Auf einer kleinen Hangstufe, oberhalb der Ortschaften Draschitz und Dreulach, liegt der Ortsteil **Göriach**. Dort steht die um 1312 bis 1316 von Abt Gunther von Arnoldstein gestiftete, stattliche Pfarrkirche. Der Bau wurde 1478 von den Türken zerstört und daraufolgend wieder instand gesetzt. Das heutige Bauwerk stammt aus der Zeit von 1489 bis 1516. Um die Kirche sind noch Reste einer ehemaligen Wehrmauer vorhanden.

Das kleine Dorf **Achomitz** in der Gemeinde Hohenthurn kam in die internationalen Sportschlagzeilen, als die jungen Schisprungtalente Karl Schnabl, Hans Millonig und Hans Wallner, im Jahre 1974 bei der 23. Internationalen Springertournee, alle anderen Teilnehmer der Welt aus dem Feld schlugen und Karl Schnabl 1976 bei der Olympiade in Innsbruck Gold und Bronze holte. Diese Erfolge gingen auf eine lange, rege Tätigkeit des Sportvereines Achomitz (SVA), in Verbindung mit freundschaftlichen Kontakten zu Slowenien zurück, wo der Sprungsport in den 50er Jahren schon sehr beliebt war. Mit der Gründung des Vereines unter der Initiative der ersten Pioniere Janko und Franzi Wiegele begann 1953 die Arbeit der „*Adler von Achomitz, im Dorf hinter den sieben Bergen und ohne Ortstafel, wo nur die Einwohner wußten, wo Achomitz liegt, wo fast alles springt was Beine hat und wo Österreichs neue Superstars gezüchtet werden,*" wie es die Zeitschrift „Stern" später beschrieb.

Die Bekanntschaft mit dem Konstrukteur der Schisprungschanzen in Planica (Slowenien), Ing. Stanko Bloudek war bei der Planung der ersten 30-Meter Schanze im Jahre 1952 von großer Bedeutung und 1962 erfolgte bereits das Eröffnungsspringen auf der 60-Meter Schanze. Laufende Erfolge bei österreichischen und internationalen Sprungveranstaltungen bestärkten des Bestreben nach dem Bau einer modernen Schanzenanlage, die dann 1993/94 Wirklichkeit wurde und mit drei Schanzen von 30 bis 75 m allen Klassen gerecht wird. Ein wichtiges Anliegen, das mit viel Einsatz verfolgt wird, ist die Förderung des Nachwuchses. Achomitz ist ein positives Beispiel für gute Zusammenarbeit in einem zweisprachigem Gebiet, um solche Projekte verwirklichen zu können.

Marktgemeinde Arnoldstein

Zwischen der Villacher Alpe (Dobratsch) im Norden und dem Dreiländereck im Süden liegt die dem politischen Bezirk Villach-Land zugehörige Marktgemeinde **Arnoldstein**, deren Bereich eine Ausdehnung von 67 km² umfaßt und mit etwa 6700 Einwohnern die zweitgrößte Gemeinde des Gailtales ist. Insgesamt 20 Ortschaften in einer Höhe von ca. 550 bis 700 m bilden das Gemeindegebiet, von denen die Orte Hart und Radendorf im Osten bereits an die Gemeinde Finkenstein grenzen und der unmittelbar vor der Staatsgrenze zu Italien liegende Grenzort Thörl-Maglern den südwestlichen Abschluß bildet. Wohl kein anderer Ort weitum kann in seinem geographischen Bereich mit zwei Grenzübergängen aufwarten, von denen jeder in einen jeweils anderen Staat führt. Der Grenzübergang bei Thörl-Maglern zählt international zu einem der wichtigsten Verkehrswege und erschließt mit Bahn, Straße und Autobahn den italienischen Raum. Wenige Kilometer östlich davon führt eine Bergstraße zum Grenzübergang Wurzenpaß und weiter ins slowenische Savetal. Zwischen diesen beiden Grenzübergängen liegt der 1509 m hohe Berg „Ofen" (Dreiländereck), ein Grenzberg, auf dem nicht nur drei Staaten aneinander grenzen, sondern wo sich die drei großen Völkerfamilien der Slawen, Germanen und Romanen als drei Kulturkreise und Sprachfamilien treffen. Man sagt den Bewohnern dieser Region auch nach, sie hätten etwas vom Schwermut der Slawen, von der Lebensfreude der Romanen und vom Fleiß der Germanen geerbt.

Urkundliche Hinweise auf die Gegend um Arnoldstein gehen auf das Jahr 1007 zurück, als dieses Gebiet durch Schenkung Kaiser Heinrichs II. an das Bistum Bamberg in Franken kam. Laut Überlieferung geht der Name des Ortes auf einen gewissen Arnold zurück, welcher der Stifter jener Burg gewesen sein soll, die vor der Gründung des Benediktinerklosters auf dem Felsen stand, wo heute noch die Klosterruine steht. Arnoldstein selber scheint urkundlich erstmals zwischen 1085 und 1090 auf, aber schon für die Römer muß diese Gegend als Verkehrsweg vom Donauraum zur Adria von strategischer Wichtigkeit gewesen sein, denn man hat bei Ausgrabungen am sogenannten Hoischhügel ein spätrömisches Kastell mit einer frühchristlichen Kirche freigelegt.

Arnoldstein war schon um die Mitte des 19. Jhdts. einmal Markt. Verschiedene Unglücksfälle verursachten eine starke Verarmung, so daß der Ort wieder zum Dorf wurde. Erst im Jahre 1922 erfolgte erneut die Erhebung des Dorfes zum Markt und 1956 wurde das Recht zum Führen eines Wappens verliehen. Die besondere Verkehrslage begünstigte seit jeher die Entwicklung zum zentralen Ort des unteren Gailtales. Während die zur Gemeinde gehörenden Ortschaften außerhalb des Marktzentrums vorwiegend ländlichen Siedlungsraum aufweisen, hat der Ort selbst schon ein wenig Kleinstadtcharakter, wo Kleinindustrie und Gewerbe dominieren. Bis zur Schließung der Bleiberger Bergwerksbetriebe im Jahre 1993 und damit auch der Zink- und Bleihütte in Arnoldstein war dieser Bereich der wichtigste Wirtschaftszweig. Seither sind starke Bestrebungen im Gange, um den wirtschaftlichen Verlust durch Ansiedelung diverser Wirtschaftszweige, unter Ausnutzung der vorhandenen Strukturen, annähernd auszugleichen und dem Ort eine positive wirtschaftliche Zukunft zu sichern.

Schnurgerade zieht sich die Gailtalstraße durch den Marktflekken Arnoldstein.

Wie viele Orte im Gailtal wurde auch Arnoldstein in Kriegszeiten in Mitleidenschaft gezogen. Waren es im 15. Jhdt. die Türkeneinfälle, die auch hier viel Leid über die Menschen brachten, ging auch die Franzosenzeit (1797-1813) in die Geschichte des Tales ein, in der auch Arnoldstein unter der Fremdherrschaft zu leiden hatte. Als dann 1813 die Franzosen aus dem Land gejagt wurden, hat man auch in Arnoldstein die Besatzer in einem Gefecht besiegt und bis hinter Tarvis zurückgedrängt. Eine weitere Belastung für Arnoldstein entstand durch die Kriegserklärung Italiens an Österreich im Jahre 1915, als der Ort durch italienische Flieger mit Bomben belegt wurde. Kaum war dies ausgestanden und der 1. Weltkrieg zu Ende gegangen, drangen Truppen des neuen SHS-Staates Jugoslawien über die Südgrenze Kärntens und beanspruchten große Teile des Landes. Im Zuge dieser Invasion wurde auch Arnoldstein am 4. Dezember 1918 von den jugoslawischen Truppen besetzt, die dann am 5. Jänner 1919 von Gailtaler Freiwilligen und der Nötscher Volkswehr unter Major Gressl in einer Überraschungsaktion überfallen und gefangen genommen wurden. Der Ort war damit wieder frei. Der 2. Weltkrieg hinterließ auch in Arnoldstein seine Spuren. Von den Alliierten Bomberverbänden, die wie Vogelschwärme über den Himmel zogen, wurde der Markt im letzten Kriegsjahr 1945 mit Bombenabwürfen eingedeckt, wodurch mehrere Gebäude zerstört und viele Häuser leicht beschädigt wurden. Zum Glück waren nur wenige Todesopfer zu beklagen. Mit dem Ende des Krieges begann dann wieder eine friedlichere Zeit für das Tal.

Ein einmaliges Landschaftspanorama bietet sich dem Betrachter aus der Vogelperspektive, wenn er den Blick über den Marktflecken Arnoldstein und den bewaldeten Grenzkamm der westlichen Ausläufer der Karawanken hinweg, zu den gekrönten Häuptern der Julischen Alpen schweifen läßt.

Im Bild links der Markt Arnoldstein mit Blick gegen Westen ins Gailtal. Links unten die Ortsteile Seltschach und Agoritschach. Im weiten Bogen umfährt die Autobahn den Ort, durch deren Bau eine Verlagerung des Durchzugsverkehrs von der mitten durch den Ort führenden Bundesstraße erfolgte, was eine positive Verkehrsberuhigung und somit eine verbesserte Lebensqualität zur Folge hatte.

Das vom Gailitzbach durchflossene Seitental, welches südlich von Arnoldstein bei Thörl-Maglern die österreichisch-italienische Staatsgrenze überquert und mit dem Hauptort Tarvis (Tarvisio) das Gailitz- bzw. Kanaltal (Val Canale) bildet, war bis zum Ende des 1. Weltkrieges zur Gänze österreichisches Gebiet. Erst nach Kriegsschluß wurde der Talabschnitt südlich der heutigen Staatsgrenze von Österreich abgetrennt und dem italienischen Staat zuerkannt. Dieser Taleinschnitt begrenzt hier die Ausläufer der beiden Gebirgszüge Karnische Alpen und Karawanken. Dieses enge Tal war schon seit der Antike auf Grund seiner Verkehrslage das **Tor zum Süden** und der Name Thörl (früher auch Törlein) hat wohl seit jeher Bezug auf diesen Umstand, wie auch die alte, lateinische Bezeichnung „Porta" darauf hinweist. Vom langobardischen Geschichtsschreiber Paulus Diakonus wurde schon im 8. Jhdt. der Grenzort Maglern als „Meclaria" erwähnt. Zum Zwecke der Überwachung des Straßenverkehrs von und nach Italien wurde in der Zeit um 1250 vom Bamberger Bischof Heinrich I. bei Thörl-Maglern eine Straßenburg mit dem Namen „Straßfried" errichtet, die durch den Verkauf der bambergischen Besitzungen im Jahre 1759 in kaiserlichen Besitz kam und es bis zur Zerstörung durch die Franzosen im Jahre 1797 blieb. Heute sind nur noch Ruinenreste vorhanden.

Eine starke Aufwertung erhielt der Grenzübergang in den Jahren 1864-73 durch die Errichtung der Bahnstrecke Villach - Tarvis und durch den Bau der Südautobahn A 2 wurden die Verkehrsverhältnisse auf den modernsten Stand gebracht.

Das Bild oben zeigt den Siedlungsraum Thörl-Maglern mit der 1984 errichteten Autobahn und einigen Gipfeln der Julischen Alpen im Hintergrund. Im Mittelteil des Bildes erkennt man noch die Autobahn-Grenzkontrollstation, die mittlerweile infolge der durch das sogenannte „Schengen-Abkommen" bedingten Öffnung der Grenzen, nach nur 12 Jahren Betrieb ihre Funktion verloren hat und im Herbst 1999 wieder abgebaut wurde.

Wie ein zweiter Bergrücken steht die Klosterruine, das Wahrzeichen von Arnoldstein, vor dem Massiv des Dobratsch.

„Das Kloster aber, seinerzeit eine Burg, ist auf einem mäßig hohen Felsen gegründet, welcher vereinzelt aus der Ebene aufsteigt und hat einen geringen Umfang. Zu seinen Füßen liegt das Dorf und ein Bach mit ganzjährig fließendem Wasser". So beschreibt Paolo Santonino 1485/87 die Lage des Klosters in Arnoldstein. Weiters beschreibt er Details der Inneneinrichtung der Kirche, u.a. ein silbernes Tabernakel, ebenso zwei Infuln bzw. Mitren *„die viele Perlen und auch besonders große haben. Dies und der Tabernakel erreichen einen Schätzwert von 1000 Dukaten oder wenn weniger, nur um ein bisschen"*. In seinem Reisetagebuch hielt Santonino auch heitere Vorkommnisse fest, die für die damalige Zeit nicht so außergewöhnlich gewesen sein dürften, wie z.B.: *„In besagtem Kloster habe ich eine schlaflose Nacht zugebracht, wegen der Flöhe und Wanzen, die gegen mich einen unübersehbaren Heerzug aufgeboten haben"*.

Das im Jahre 1106 gegründete Benediktinerkloster ist seit 1883 nur mehr als Ruine vorhanden, es fiel damals einem im Ort wütenden Großbrand zum Opfer und wurde nicht wieder instandgesetzt. Der Zahn der Zeit beschleunigte den weiteren Verfall. Noch zur Zeit, als eine Art Straßenburg auf dem Felsen stand, kam das Gebiet durch Schenkung Kaiser Heinrichs II. im Jahre 1014 an das Bistum Bamberg. Diese Festung ging dann im Jahre 1062 an Kärntner Herzöge über und unter Bischof Otto I. wurde sie dann 1106 wieder bambergisch, der sie dann schleifen ließ und daraufhin ein Kloster stiftete, das den Benediktinermönchen übertragen wurde. Am westlichen Ende des Ortes, an der Gailitzbrücke, wurde eine Mautstelle errichtet, die ebenso dem Kloster überlassen wurde. Die Mönche entwickelten eine rege Kolonialisierungs- und Rodungstätigkeit, was den Einfluß im Tale sehr verstärkte. Durch den oftmaligen Wechsel der Klosterherren einerseits und durch verschiedene Katastrophen und Plagen wie Erdbeben, Heuschreckenplagen, Feuersbrünste, Türkeneinfälle, bis zur 1782 erfolgten Aufhebung durch Kaiser Josef II. anderseits, erlebte das Kloster eine sehr wechselvolle Geschichte.

In jüngster Zeit versucht ein Verein zur Revitalisierung der Klosterruine, die zweihundertjährigen Schäden wenigstens teilweise wieder zu beheben, um das Wahrzeichen des Ortes der Nachwelt zu erhalten.

Eine alte Sage von der „Weißen Rose von Arnoldstein", deren Geschichte sich gegen Ende des 14. oder Anfang des 15. Jahrhunderts zugetragen haben soll, verbindet sich mit dem Kloster. Kurzfassung: Zu jener Zeit als immer dann, wenn einer der frommen Klosterbrüder vom Herrn aus der Welt ins Jenseits abberufen werden sollte, derselbe frühmorgens eine weiße Rose in seinem Chorstuhl vorfand und wußte, daß sein letztes Stündchen geschlagen hatte, lebte aber dort auch ein junger Klosterbruder, der eines Tages eines jungen, wunderlieblichen, braunlockigen Mägdeleins wegen, in starke seelische Bedrängnis geriet. Seiner frevlerischen Gedanken bewußt, vollbrachte er eine schlummerlose Nacht. Als er aber am nächsten Tag seinen Chorstuhl aufsuchte, lag dort eine weiße Rose. Noch am gleichen Tag fand man jenes liebliche Mägdelein zerschmettert am Fuße des Felsens, auf dem das Kloster stand. Um nicht in so jungen Jahren ins Gras beißen zu müssen, nahm der junge Pater die Rose und legte sie heimlich auf den Chorstuhl eines alten, kranken Mitbruders, der kurz darauf das Weltliche segnete. Als ihm seine schlimme Tat bewußt wurde, vollbrachte er sein weiteres Leben in Sühne und Buße und erreichte ein Alter von neunzig Jahren. Eines Tages fand man ihn tot hingestreckt, mit seiner Rechten eine weiße Rose ans Herz gedrückt, auf dem Grabe jenes Mitbruders, dem er einst die weiße Rose untergeschoben hatte, die für ihn bestimmt war. Seit jener Zeit fand kein Mönch mehr die weiße Rose und das Rosenwunder von Arnoldstein hat sich nie mehr wiederholt.

Die mittelgroße, schlichte, gotische Pfarrkirche zum hl. Andreas, deren Vorgängerkapelle erstmals im Jahre 1169 urkundlich aufscheint, steht am Gailitzbach bei Thörl-Maglern, dem Grenzort zu Italien, und birgt in ihrem Inneren Kunstschätze von in Österreich einmaligem, kunsthistorischem Wert. Bei Reinigungsarbeiten in den Jahren 1886/89, 1900 und auch noch später, wurden äußerst wertvolle, interessante Fresken und Tafelbilder freigelegt. Sie werden dem wohl bedeutendsten Wandmaler Kärntens in der Zeit der Spätgotik, Thomas Artula von Villach, genannt Meister von Gerlamoos, zugeschrieben, der, neueren Forschungen zufolge, um 1440 in Thörl geboren wurde.

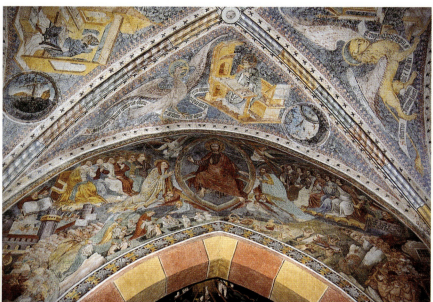

Die nach der Freilegung restaurierten Bildwerke sind von einer derartigen Reichhaltigkeit an Motiven, wie man sie in dieser Kirche nicht vermuten würde. Die Fresken waren lange Zeit unter einer Kalktünche versteckt. Es wird angenommen, daß der Grund zur Übertünchung wahrscheinlich der Anblick der nackten Eva auf dem Bilddetail „Das lebende Kreuz mit den Engelchören" war.

Die wohl zwischen 1482 und 1489 (1475-1480?) entstandenen Malereien bedecken die gesamte Nordwand des Chores, die Ostseite der Triumpfbogenwand, sowie die Gewölbeflächen und zeigen in einer reichen Fülle von Darstellungen, den gesamten Passionszyklus, Szenen aus dem Alten und Neuen Testament, sowie das jüngste Gericht und Symbole der Elemente. Reichhaltige illusionistische Details, mit Ornamenten und Verzierungen, verbunden mit dargestellter Scheinarchitektur, ergänzen das gigantische Werk. In zahlreichen Einzeldarstellungen, faßte der Künstler die Legenden und Geschichten in diesem Gemälde zu einer "B i b l i a   P a u p e r u m" zusammen. (Biblia Pauperum ist die Bibel der Armen, die für die des Lesens und Schreibens unkundigen Gläubigen des Mittelalters, gewissermaßen das geschriebene Wort ersetzte). Kunsthistoriker sind der Meinung, daß es sich bei diesem Kunstwerk um eines der bedeu-tendsten Freskenzyklen Mitteleuropas im Bereich der sakralen Kunst handelt.

Am östlichen Ortsrand von Arnoldstein befindet sich ein sakrales Kleinod, das einige Besonderheiten aufzuweisen hat, die sich in einer eigenartigen Bauform darstellen. Von der in einen unteren und oberen Teil gegliederten **„Kreuzkapelle"**, ist ersterer als vorhallenartiger Anbau an eine kleine Felsnase über einen kleinen Bach neben der Straße gebaut. Gemalte Darstellungen örtlicher Geschehnisse sind mit Jahreszahlen von 1600 versehen. Bemerkenswert ist eine aus dem Felsen gemeißelte Gestalt des Gekreuzigten. Die Oberkapelle ist auf diesen Felsvorsprung aufgesetzt und wurde 1659 erbaut. Eine kleine Gebetskapelle liegt wenige Meter gegenüber auf der anderen Seite der schmalen Straße. Die gesamte Anlage wurde in den 80er Jahren des vorigen Jahrhunderts restauriert.

Im Inneren befinden sich an der Decke und an den Wänden interessante Malereien mit sinnigen Sprüchen.

Am alten Marktplatz nahe der Pfarrkirche steht der Abguß eines römischen Nischenportraitgrabsteines mit den Büsten eines Mannes und einer Frau. Das aus der Mitte des 2. Jhdts. n. Chr. stammende Original befand sich ursprünglich in der Klosterruine und wird jetzt im Landesmuseum für Kärnten aufbewahrt (Dehio-Handbuch):

In unmittelbarer Nähe der ehemaligen Arnoldsteiner Zink- und Bleihütte steht ein einzigartiges Industriedenkmal, der Schrotturm von Gailitz. Diese erste Schrotfabrik in der österreichisch-ungarischen Monarchie wurde im Jahre 1814 von Simon Wallner, einem bedeutenden Bleihändler seiner Zeit, auf den Mauerresten eines 1495 erbauten Fuggerschlosses errichtet. In dieser Anlage wurde aus Bleiberger und Raibler Blei Schrotgut in verschiedenen Größen durch *Herabgießen von der Höh* hergestellt. 1880 wurde die Anlage von der BBU im Kaufwege übernommen und war, mit kurzen Unterbrechungen, bis zur Einstellung der Bleischrotproduktion im Jahre 1974, in Betrieb. Das seit 1978 unter Denkmalschutz stehende Bauwerk mit dem 57 m hohen Turm befindet sich heute im Eigentum der Marktgemeinde Arnoldstein.

Als ein neues, modernes Wahrzeichen des Gailtales steht seit Herbst 1999 der „Sonnenbogen" an der Einfahrt der neuen Autobahnzubringerstraße bei Arnoldstein. Das vom Gailtaler Bildhauer Herbert Unterberger entworfene und vom heimischen Fachbetrieb Buchacher aus Hermagor in Holzleimbauweise angefertigte Kunstwerk soll das Gail-, Gitsch- und Lesachtal darstellen, wie auch den Schnittpunkt dreier Kulturen (slawisch, romanisch u. germanisch) symbolisieren und an die Naturkatastrophe des Dobratschbergsturzes erinnern.

In Thörl-Maglern, kurz vor der Staatsgrenze zu Italien, steht ein Haus, in dem bis zum Jahre 1989 ein Lebensmittelgeschäft für die Nahversorgung untergebracht war. Der durch den Bau der Autobahn verursachte Geschäftsrückgang veranlaßte die Betreiber, den Laden zuzusperren. Dieses Kleinod der alten Zeit wurde von einer Kulturinitiative seit 1994 revitalisiert und darin ein kleines „Greißler - Museum" eingerichtet, wo dem Besucher die vergangene Welt des Kleinhandels vor Augen geführt wird.

Seit Juli 1972 gibt es in Arnoldstein ein Heimatmuseum, in dem u.a. neben einer volkskundlichen Sammlung aus Haushalt, Land- und Forstwirtschaft, Exponate zur Darstellung von ehemaligen Produktionsvorgängen der BBU ausgestellt sind (ohne Bild).

Die Bergstation der Dreiländereck-Bergbahn im Sommer

Im Verhältnis zur Größe der Marktgemeinde Arnoldstein spielt der Tourismus zwar eine Nebenrolle, ist aber aus dem Wirtschaftsleben nicht mehr wegzudenken, wobei der Wintertourismus seit der Eröffnung der Bergbahnen auf den Hausberg Arnoldsteins im Jahre 1974 einen nicht unwesentlichen Anteil hat. Der Einstieg ins Wintergeschäft brachte mit der Erschließung des Dreiländerecks für den Wintersport eine Erweiterung des touristischen Angebotes, im Bereich des unteren Gailtales und im Raum Villach. Das südlichste Wintersportzentrum Österreichs bietet heute eine international anerkannte Rennstrecke, auf der schon Europacup - Rennen ausgetragen wurden.

So wie früher die Gebiete von Bleiberg und Arnoldstein durch den Bergbau und der industriellen Verarbeitung der Rohstoffe eine wirtschaftliche Einheit bildeten, wurden in den letzten Jahren neue Weichen für eine touristische Zusammenarbeit gestellt und beide Regionen in die neue Bad Bleiberg - Arnoldstein - Tourismus - Gesellschaft (BBA), unter dem Thema **Natur- und Kulturerlebnis** zusammengeführt.

Villach-Süd ist ein wichtiger Güterverkehrsknoten im Netz der europäischen Eisenbahnen und Drehscheibe für den Süden Österreichs. Im Zuge der Modernisierung des Güterverkehrs ergab sich die Notwendigkeit der Errichtung eines Großverschiebebahnhofs in Fürnitz, dessen Eröffnung nach elfjähriger Bauzeit im Jahre 1990 erfolgte. Die Hauptaufgabe der Anlage besteht darin, alle ankommenden Wagen, entsprechend ihrem Bestimmungsbahnhof, möglichst rationell und sicher zu sortieren und Ausgangszüge zu bilden, die dann in alle Zentren Österreichs und die wichtigsten europäischen Wirtschaftsräume weitergeleitet werden. Die ganze Anlage wurde entlang der Gail auf einem Gelände von 1 km Länge und größter Breite von 300 m errichtet, hat in der Ausfahrgruppe 40 Geleise und eine Geleisegesamtlänge von 100 km. Der ganze Betriebsablauf wird mit modernster Technik (60 Bildschirme u. 40 Drucker) überwacht und gelenkt. Ein raffiniertes System von 33500 Retardern (Bremselemente), gewährleistet den Sicherheitsabstand der abrollenden Waggons. Mit einem Leistungsvolumen von max. 4000 Wagen Tagesleistung, ist der Bahnhof der zweitgrößte seiner Art in Österreich und zählt zu den Größten in Europa.

Nächtliche Betriebsbeleuchtung
am Großverschiebebahnhof

Blick vom Dreiländereck auf den östlichsten Abschnitt des Gailtales mit den noch zur Marktgemeinde Arnoldstein gehörenden Ortschaften Neuhaus, Tschau, Radendorf und Hart, sowie dem Ort Fürnitz mit Umgebung, der bereits zum Gemeindegebiet Finkenstein zählt. Der letztere Bereich ist schon Teil des Villacher Beckens und nicht mehr dem eigentlichen Gailtal zuzuordnen (in der Bildmitte im Hintergrund die Stadt Villach). Das Bild unten zeigt eine schöne Wolkenstimmung über dem Gailtal.

Gesamtansicht der Stadt Villach

Obwohl die Stadt **Villach** nicht mehr zum Gailtal zählt, scheint es auf Grund ihrer besonderen Lage am Eingang des Tales sinnvoll, sie in diesem Buche kurz vorzustellen. *„Die Stadt Villach ligt im obern Viertheil, an einem lustigen Ort, zwischen Clagenfurt und Spital, an dem Fluß Traa, darüber eine lange hültzerne Brucken gebauet. Hierdurch gehet alle Kaufmanns-Waar aus Italien und Crain ins Land Kärndten, Saltzburg und in das Reich hinaus und wiederum herein. In dieser großen Niderlag und Handelstadt sind viele Faktorn und dergleichen Handelsleute zu finden, sie ist auch gar Volckreich, und obwoln selbige schon etlichmaln samt der Brucken abgebrunnen, hat sie sich doch wiederum erholt und ist mit schönen Häusern, auch saubern Vorstädten wieder erbauet worden. Neben zwey grossen Haupt-Thorn ist sie mit starken Ringmauern versehen."*
Aus dieser Beschreibung des Freiherrn aus Krain, Johann Weichart Valvasor, aus der zweiten Hälfte des 17. Jhdts, geht die geographische und handelsstrategische Lage hervor, die für die Draustadt Villach schon damals von großer Wichtigkeit war. Die älteste Bezeichnung für die Stadt findet sich bereits auf einem Sarkophag aus römischer Zeit, als in der Nähe eines Flußüberganges die Zollstation „Bilachinium" lag. In einer Urkunde vom Jahre 878 wird der Ort zum erstenmal in der Schreibweise „Uillah" genannt. Villach wird im Jahre 1060 zum Markt erhoben und 1240 in einer Urkunde erstmals als Stadt bezeichnet. Im 16. Jhdt. erlebte die Stadt eine Blütezeit als Handelsstadt. Für bekannte Persönlichkeiten, wie den berühmten Tafel- und Wandmalern Friedrich von Villach, Urban Görtschacher und Thomas Artula, war Villach an der Wende vom Mittelalter zur Neuzeit der Ort ihres Wirkens. Der unter dem Namen „Paracelsus" bekannte Arzt Theophrastus Bombastus verlebte in Villach seine Kinderjahre.

Villach ist heute mit etwa 53000 Einwohnern die bevölkerungsmäßig zweitgrößte Stadt Kärntens und seit über 1000 Jahren der zentrale Verkehrsknotenpunkt des Landes. Als Schaltstelle zwischen vier Autobahnstrecken und fünf Bahnlinien ist die Draustadt heute einer der wesentlichsten Kreuzungspunkte Mitteleuropas. In der Zeit zwischen 1864 und 1873 wurden die Bahnstrecken Klagenfurt-Villach, Villach-Franzensfeste und Villach-Tarvis eröffnet, 1906 folgte die Strecke Villach-Rosenbach und 1909 die Tauernbahn. Die Villacher Alpenstraße auf den Dobratsch wurde im Jahre 1965 eröffnet. Mit dem Bau der Südautobahn, der Tauernautobahn und der Kanaltalautobahn erhielt die Stadt den Anschluß an das internationale Autobahnnetz. Durch die besondere Lage am Eingang mehrerer Täler Oberkärntens und als Nahtstelle zu den Regionen Ossiachersee, Wörthersee, Faakersee und dem Rosental, stellt sich die Stadt Villach als das wirtschaftliche Zentrum von Mittel- und Oberkärnten dar.

Ein einmaliges Naturjuwel ganz besonderer Art befindet sich im Ort Oberschütt, nördlich der Gail, zwischen Arnoldstein und Fürnitz. Etwas außerhalb des kleinen Dorfes, unter den Dobratschwänden, dessen Name auf die Gesteinsreste des Dobratschbergsturzes im Jahre 1348 hinweist, liegt die unter Naturschutz stehende „Gladiolenwiese". Eine Wiese, die übersät ist mit zart-rosa Blüten der Art **Illyrische Gladiole** oder **Illyrische Siegwurz** *(lat. Gladiolicus illyricus).*

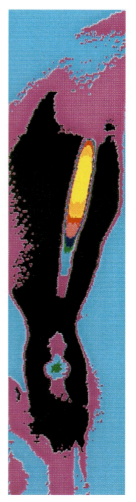

Eine botanische Rarität in zweifacher Hinsicht ist der **Aronstab** *(Arum maculatum)*. Erstens sind in ganz Kärnten nur zwei Vorkommen bekannt, eines davon im Gailtal, zweitens kommt es während der Blühphase zu einer beträchtlichen Erwärmung des Blütenstandes. Wie das Infrarot-Thermogramm (Wärmebild) zeigt, heizen sich steriler Appendix (gelb) und männliche Blüten (blauer Kreis im unteren Bildteil) bis 15°C über die Umgebung auf. Durch die so freigesetzten Duftstoffe werden kleine Fliegen (Gattung *Psychoda*) als Bestäuber angelockt, über Nacht im Blütenstand gefangen und am nächsten Tag wieder freigelassen, damit sie dann die Pollen zum nächsten Blütenstand tragen.

Musik und Gesang

„Nimm dem Kärntner sein Lied, und er müßte welken wie die Blume ohne Tau" (Jos. Friedrich Perkonig)

Das Kärntnerlied ist etwas besonderes, hat doch einer Sage nach eine gütige Fee den Kärntnern das Singen beigebracht und ihnen damit den Zauber des Märchenhaften vermittelt. Weil die Gesangskultur, insbesondere das Kärntnerlied, im Gailtal einen großen Stellenwert hat, sei hier ein kurzer Rückblick auf die ältesten, schriftlichen Hinweise des Gesangwesens in Kärnten gegeben.

Der in diesem Buch öfters zitierte Paolo Santonino brachte in seinen Reisetagebüchern von 1485 bis 1487 erste schrifliche Hinweise auf gesangliche Tätigkeiten der einheimischen Bevölkerung. In seiner Schilderung eines Mahles anläßlich der Visitationsreise des Bischofs von Caorle, in Kötschach bei Mauthen hält er folgendes fest. *„In der Mitte der Mahlzeit kamen acht gut in Gesang ausgebildete Knaben mit ihren Lehrer, die auf Deutsch einige Loblieder zu Ehren des Bischofs sangen"* und an anderer Stelle schreibt er, daß *„Sänger das Mahl würzten, in dem sie Lieder in ihrer Sprache zum Besten gaben"*. In der folgenden Textstelle von Santonino: *„Er küßte des Bischofs Rechte, empfahl sich und kehrte heim, laut jauchzend nach deutscher Art"* sieht Prof. Leopold Schmidt in seiner Abhandlung über „Spätmittelalterliche Volksmusik in Kärnten", den ersten Nachweis eines Jodlers in Kärnten, der aber gegenüber anderen Ländern in Kärnten immer eine untergeordnete Rolle spielte. Weitere schriftliche Zeugnisse in volksgesanglicher Hinsicht fehlen dann aber bis gegen Ende des 18. Jhdts., obwohl es ein gewisses Musikleben schon gegeben haben muß, wie die Textstellen oben beweisen.

Das heutige Kärntnerlied ist verhältnismäßig jung an Jahren, da das wesentliche Charakteristikum des Kärntnerliedes bis etwa zur Mitte des vorigen Jahrhunderts unbekannt ist und der Volksgesang sich in der Zeit vorher in einfachen Vierzeilern und einstimmigen Trutz- u. Spottliedern, Gstanzln und Schnadahüpfeln erschöpfte. Der mehrstimmige Gesang in Form von Quartetten und Quintetten war zunächst nur mit Männerstimmen besetzt, ebenso die Erweiterung auf größere Gruppen. Der erste Männergesangsverein von Kärnten wurde im Jahre 1834 gegründet, wobei es die ersten Ansätze für gemischten Chorgesang erst ab 1885 gab, was dem Kärntnerlied in der Folge zu neuer Blüte verhalf.

Im Gailtal ist die Gesangstradition älter, als allgemein angenommen wird, denn bereits im Jahre 1861 wurde der Männergesangsverein Hermagor gegründet. Ihm folgten Kötschach im Jahre 1873 und Weißbriach 1877. Weitere Gründungen erfolgten im 20. Jahrhundert. Im Jahre 1920 wurde schließlich noch der Sängergau Gailtal gegründet.

Um im einzelnen auf Mundartdichter und Liedschöpfer einzugehen, welche die Entwicklung des Kärntner Liedgutes in verschiedenen Abhandlungen und Schriften festhielten, erweiterten und förderten, fehlt hier der Raum. Nur auf eine Persönlichkeit, die für die Verbreitung des Kärntnerliedes große Verdienste errungen hatte, soll hier kurz eingegangen werden. Es ist dies der unter der Bezeichnung „Kärntner Liederfürst" bekannte Thomas Koschat (1845 -1914), der durch den von ihm komponierten „Gailtaler Jägermarsch" (siehe Seite 11) im Gailtal eine bekannte Sängerfigur ist. Thomas Koschat ragt unter den Kärntner Liederschöpfern besonders dadurch hervor, daß er das Lied im Kärntner Volkston mit seinen Quartetten und Quintetten hoffähig machte und durch seine Sängerfahrten in alle Welt brachte. Wohl kein zweites Lied aus Österreich, außer dem Weihnachtslied „Stille Nacht", brachte es auf einen so großen internationalen Bekanntheitsgrad wie sein Kärntnerlied „Valos'n bin i", das weltweit in 18 Sprachen übertragen wurde. Der fast im ganzen deutschen Sprachraum bekannte „Schneewalzer" ist ebenso eine Schöpfung von Koschat.

Nicht nur das deutschsprachige Liedgut ist im Gailtal von Bedeutung, auch das slowenische Volkslied hat in den zweisprachigen Gebieten des unteren Gailtales seinen kulturellen Stellenwert. Große Verdienste um das slowenische Liedgut erwarb sich der in Görtschach im Gailtal geborene und unter dem Pseudonym „Ziljski" bekannte Matija Majer (1809 - 1892). Er sammelte Volkslieder und schrieb volkskundliche Berichte in deutsch und slowenisch. Neben seinem literarischen, volkskundlichen Schaffen wirkte er viele Jahre als Seelsorger in Kärnten.

Alpenluft hat kein Wort, hat nur ein Klingen,
was man nicht sagen kann, muß man halt singen.
(Peter Rosegger)

Die bekannte Sangesfreude des Kärntners findet auch im Gailtal seinen Niederschlag. Die zur Zeit in nahezu 30 Vereinen und Kleingruppen organisierten Chöre und Singgemeinschaften, gestalten mit ihren öffentlichen Auftritten einen wesentlichen Bereich des gesellschaftlichen und kirchlichen Lebens und garantieren darüberhinaus mit der Pflege des alten und neuen Liedgutes die Weiterführung der Tradition.

Hat sich das gemeinsame Singen früher mehr oder weniger auf das heimische Volkslied beschränkt, wurden nach und nach Chorwerke verschiedener Epochen und Meister sowie kirchliches und ausländisches Liedgut in das Repertoire des Gesangsgruppen aufgenommen. Rundfunk- und Fernsehaufnahmen machten das Wirken der Chorgemeinschaften einem größeren Zuhörerkreis zugänglich. Auslandreisen, die über den europäischen Raum hinaus bis nach Amerika und Südafrika führten, brachten den singenden Botschaftern Kärntens internationale Bekanntheit und so manche Auszeichnungen.

Stellvertretend für die Gesamtheit der vielen Gruppen werden hier der Grenzlandchor Arnoldstein (gegründet 1947, oben) und die Singgemeinschaft Kötschach - Mauthen (gegründet 1975, unten), als zwei der bekanntesten des Gailtales, in diesen zwei Bildern vorgestellt.

„Instrumenter seyndt das jenige bey der Musik, was der Löffel bei der Suppen" (J. Matthesen).

Wenn man einen geschichtlichen Rückblick versucht, finden sich schon in der Bibel Hinweise über Musik, wie z. B. die „Posaunen von Jericho" und des öfteren ist von Flöten- und Harfenspielern die Rede. Aus der Zeit des Mittelalters bis in die angehende Neuzeit gibt es Handschriften und Bildwerke, die auf den Gebrauch von Musikinstrumenten, vorwiegend im sakralen Bereich, hinweisen. Hier muß wiederum Paolo Santonino (1475 -78) zitiert werden, der in seinen Tagebüchern festhält, daß die (im Lesachtal) *„dort geborenen Leute von Natur aus alle Zither- und Harfenspieler sind"*. An anderer Stelle steht zu lesen, daß nach dem Essen im Orte Kötschach ein Schauspieler des hohen Herrn Leonhard des Grafen von Görz auftrat, *„der Zither spielte und manches Stück auf dem Waldhorne blies"*, ... und bei einer kirchlichen Feier in St. Daniel *„wohnten bei, außer guten Sängern vortreffliche Musiker, zwei mit der Harfe und zwei mit der Zither"*. Diese Beschreibungen vermitteln den Nachweis, daß diese Art von Volksmusik im Tale der Gail schon damals gebräuchlich war.

Das Blasmusikwesen in der heutigen Form hat seine Ursprünge in der Zeit um 1800, als die frühere Form der volkstümlichen Haus- und Tanzmusik, die damals meistens aus Saiteninstrumenten bestand, von den „blasenden Instrumenten" langsam abgelöst wurde und auch durch die Instrumenten-Entwicklung beeinflußt war. In den Anfängen der Hausmusik stand meistens die Einzelperson für die Tradition und Überlieferung. Über das sogenannte „Zuawespiel'n" oder „Zsammspiel'n" bildeten sich kleine Bläsergruppen, die unter der Bezeichnung „Banda" immer mehr an die Öffentlichkeit traten und durch die Vorbildwirkung als Vorgänger der heutigen Blasmusikkapellen zu werten sind. Die Blasmusik im eigentlichen Sinn haben aber schon die Türken im 15. Jhdt. mitgebracht. Dipl.-Ing. Michael Martischnig vom Wiener Volkskundemuseum hält dazu folgendes fest. *„Ursprünglich wurde die Blasmusik nur vom Militär verwendet. Von den osmanischen Truppen ausgehend, breitete sie sich erst langsam in zivile Bereiche aus"*. Der Musikwissenschafter Dr. Günther Antesberger schreibt: *„Den Spielleuten waren vornehmlich die Instrumente der Janitscharenmusik anvertraut, die bei offiziellen Anlässen häufiger als Türkische Musik in Erscheinung trat. Die erste soll der Polenkönig Sobieski nach Wien gebracht haben. Sie bestand damals aus Pfeifen, Beckenschlägern, Paukern und Tambours, darunter zwei übergroße Trommeln, bis schließlich das Schlagzeug der eigentlichen Janitscharenmusik, bestehend aus großer Trommel, Triangel, Becken und Schellenbaum, ... gegen Ende des 18. Jhdts. von der Heeresmusik adoptiert und offiziell anerkannt wurde"*.

Die älteste Blasmusikkapelle des Gailtales ist die schon im Jahre 1830 gegründete Trachtenkapelle von Kötschach, alle anderen entstanden erst in der Zeit von 1924 bis 1960. Das Zusammengehörigkeitsgefühl im gemeinsamen Musizieren und öffentlichen Auftreten weckte das Bedürfnis nach einheitlicher Bekleidung und daraus entstanden die heutigen Musiktrachten, die teils in alter, traditioneller Volkskleidung ihren Ursprung haben. Um der bunten Vielfalt der verschiedenen Trachten der 14 Gailtaler Blaskapellen gerecht zu werden, sind hier alle abgebildet. Sie stehen als Kulturträger in der Rangliste ganz vorne.

Im Bild links: die Trachtenkapelle Kötschach, gegründet 1830

Erklärung zu den Bildern auf der rechten Seite:

		gegründet
1	Musikverein „Reißkofel" Reisach	1949
2	Trachtenmusikkapelle Mauthen	1924
3	Trachtenkapelle Dellach	1950
4	Trachtenkapelle „Alpenrose" Waidegg	1951
5	Trachtenkapelle „Wulfenia" Tröpolach	1948
6	Musikverein „Almrausch" Mitschig	1954
7	Gailtaler Trachtenkapelle Wertschach	1959
8	Trachtenkapelle Egg (ehem. Reiterkapelle)	1950
9	Trachtenkapelle „Alpenland" Matschiedl	1958
10	Stadtkapelle Hermagor u. Blasmusikverein Vellach	1960
11	Eisenbahnermusikverein - Trachtenkapelle Arnoldstein	1926
12	Gitschtaler Trachtenkapelle Weißbriach	1947
13	Traditionsmusik der BBU - Arnoldstein	1949

Brauchtum und Folklore

Brauchtum und Folklore sind ein wesentlicher Bestandteil der alpenländischen Volkskultur und haben in den ländlichen Gebieten eine lange Tradition. Zu den wesentlichen Elementen zählt auch das Tragen von Trachtenkleidung, was den kirchlichen und weltlichen Festlichkeiten einen bunten Aufputz verleiht. Vor allem die Frauentrachten beherrschen dabei das optische Bild, wogegen die Männertrachten, mit Ausnahme der Musiktrachten, in weniger auffallenden Formen und Farben aufscheinen. Die Tracht als Einheitskleidung ist ein Kennzeichen für einzelne Gegenden und Talschaften, die das Gemeinschaftsgefühl stärkt und an der sich die Bewohner identifizieren. An der Tracht erkennt man, aus welcher Gegend jemand kommt. Bis in die keltische Vergangenheit zurückreichende und jüngere, modisch bedingte Formen wurden zum organisch gewachsenen Volks- und Arbeitskleid vereinigt. Deutsche und slawische Siedler haben daran mitgewirkt. Das überlieferte „Bäurische Gewand" stellte häufig die einzelnen Elemente der heutigen Trachtenformen. Eine bildliche Darstellung eines Gailtaler Hochzeitstanzes unter der Linde ist aus dem Jahre 1798 bekannt und eine weitere von 1838 zeigt bereits alle Merkmale der heutigen Tracht.

Im Gailtal beherrschen zwei Trachtenformen das Bild: die Gailtaler Festtracht, die sowohl im oberen wie im unteren Talbereich getragen wird und die Untergailtaler- oder Windische Tracht (windisch von wendisch = Synonym für slawisch). Während die erstere geringe tirolerische bis bayrische Einflüsse aufweist, ist bei der Untergailtaler Tracht die slawische Herkunft offensichtlich, obwohl in Bezeichnungen einzelner Trachtenteile deutsche und italienische Lehnworte enthalten sind. Diese formschöne und farbenprächtige Tracht unterscheidet sich von allen anderen in Kärnten und zählt zu den schönsten im ganzen Alpenraum.

Die Untergailtaler Festtagstracht hat eine lange Tradition, die mindestens bis in die Mitte des 18. Jahrhunderts zurückreicht. Die schon damals kurz getragenen Röcke der Frauen mögen wohl die sittenstrenge, österreichische Kaiserin Maria Theresia (1740-80) dazu bewogen haben, das Tragen und Herstellen dieser Tracht unter Strafe zu verbieten, was aber als Nachweis gelten kann, daß diese Tracht schon damals bekannt war. Die heutige Tracht hat einige Besonderheiten, die aufzuzählen hier der Raum fehlt. Erwähnt werden soll aber, daß der Unterrock (untarfat) aus bis zu 12 Laufmeter weißem Leinen besteht und der zwischen der langen Unterhose und dem Unterrock getragene „Anstandsrock" vor allem vor neugierigen Männerblicken schützen soll. Ob der Anstandsrock auf Grund der kaiserlichen Einwände eingeführt wurde, ist nicht bekannt.

Mit Ausnahme der Untergailtaler Tracht wurde bis zur Wende ins 20. Jahrhundert im Gailtal eine recht bescheidene Tracht getragen. Aus Motivbildern, die in Maria Schnee bei Mauthen und in Mandorf bei Kötschach in den 30er-Jahren des vorigen Jhdts. gefunden wurden, erarbeitete man nach dem 2. Weltkrieg im Einvernehmen mit dem Kärntner Heimatwerk das „Gailtaler Dirndl". Daraus entwickelte sich dann die Gailtaler Festtracht der Mädchen und Frauen, wie sie seither bei vielen Anlässen im unteren, wie auch im oberen Gailtal getragen wird.

Aus Anlaß der Stadterhebungsfeier von Hermagor wurde im Jahre 1931 auf Initiative einiger Bürgerfrauen, zur Hebung alten Brauchtums eine Trachtengruppe gegründet, die sich „Goldhaubenfrauen Hermagor" nannte und heute als „Bürgerfrauen Hermagor" bekannt ist. Die Gruppe mit ihrer, auf Kleidungsformen der Vorfahren aufbauenden Tracht, tritt bei Trachtenfesten und diversen Veranstaltungen auf, wobei sie sich nebenbei auch mit karitativen Aufgaben beschäftigt.

Im Zuge der Trachterneuerung wurde auch für das Gitschtal eine eigenständige Form entwickelt, die im wesentlichen der Obergailtaler Frauentracht gleicht und in Ihren Varianten für Frauen (festlich, zurückhaltend) und für Mädchen (farbenfroh) ihren Ausdruck findet (Bild unten).

Zum sakralen Bereich des Brauchtums zählen auch die kirchlichen Prozessionen oder „Umgänge", wie es der Volksmund nennt. Diese Anlässe tragen mit dazu bei, das Tragen der Trachtenkleidung im Bewußtsein der Bevölkerung lebendig zu erhalten.

„O Mensch lerne tanzen, sonst wissen die Engel im Himmel nichts mit dir anzufangen", steht bei Augustinus in seinem „Lob des Tanzes" zu lesen. Dies ist wohl ein Hinweis, daß der Tanz uralt ist. Historische Nachrichten über den Tanz in Kärnten aus der Zeit vor dem 18. Jahrhundert sind jedoch selten. Als einziges Bildzeugnis aus dem Gailtal gilt ein aus dem Spätmittelalter (um 1400) stammendes Wandgemälde an der Filialkirche St. Egyd in Dellach bei Mellweg, das eine Dreiergruppe beim Tanz zeigt. Als das Gemälde noch in besserem Zustand war, erkannte man links und rechts davon je ein kleines Teufelchen, das wohl die Sündhaftigkeit dieses Tanzes zeigen soll. Die Tanzlust war wohl damals schon sehr groß, wurde doch vom Klerus häufig versucht, das ausschweifende und sündige Tun mit Verboten einzudämmen. Als schriftlicher Nachweis soll wiederum Paolo Santonino (1485 - 1487) zitiert werden, der berichtet, *„der Herr Ritter nahm seine teure Frau und tanzte unverzüglich einen Tanz vor"*.

Dreiertanz und Reigentanz waren die Vorgänger des später sich durchzusetzen beginnenden Paartanzes. In der Folge entwickelte sich der Tanz zu den heute noch gebräuchlichen Formen von Ländler, Walzer, Polka, Galopp, Bayrisch Polka und Steirische Tänze. Durch Öffnen des fortwährenden Rundtanzes wurden figurale Formen eingeflochten und so bildeten sich Tanz- und Drehformen wie Kreuzpolka, Siebenschritt, Studentenpolka, Spinnradl, Figurentanz und viele andere heraus, die heute im Volkstanz üblich sind. Geprägt von der bayrischen Trachtenvereinsbewegung begann um die Wende zum 20. Jahrhundert die sogenannte Volkstumspflege, wobei auch der Schuhplattler in Kärnten Einzug hielt. Heute gibt es kaum eine Gegend oder Gemeinde, wo nicht eine Volkstanz- oder Schuhplattlergruppe besteht, deren Tradition im Rahmen der Volkstumspflege bei Kursen und Volkstumsveranstaltungen gefördert und unterstützt wird.

Zu den Bildern:
Die Volkstanzgruppe Hermagor, die Schuhplattlergruppe „Kohlröslbuam" aus dem Gitschtal, sowie eine Tanzgruppe aus dem unteren Gailtal.

In der Volkskultur nimmt das Brauchtum besonders in den ländlichen Gebieten seit jeher einen breiten Raum ein. In manchen Bereichen hat es sich über Jahrhunderte bis in die heutige Zeit erhalten.
„Das Brauchtum ist der klare Spiegel unserer Volkskultur, der sich auch in der sogenannten modernen Zeit nicht getrübt hat". (Aus „Lebendiges Brauchtum in Kärnten" v. M. Maierbrugger.) Die breite Pallette des weltlichen und religiösen Brauchtums im Jahreslauf reicht von Hochzeits- und Kirchtagsbräuchen über Faschings- und Arbeitsbräuchen bis hin zu überlieferten Formen aus der Bergbau-, Römer- und Keltenzeit. Auf Grund der Umstellung der Wirtschaftsformen im bäuerlichen Bereich konnten sich einige, auf Arbeitsformen bezogene Bräuche nicht mehr erhalten, andere wiederum haben sich im Kulturbewußtsein der Bevölkerung behauptet und leben als Attraktion im Folklorebereich wieder verstärkt weiter. Neben weit verbreiteten Brauchtumsformen gibt es auch solche, die ortsgebunden sind.
Einer der weitum bekanntesten Volksbräuche ist das Kufenstechen im unteren Gailtal, bei dem mehrere junge Burschen auf ihren Norikerpferden ohne Sattel, unter Musikbegleitung im Galopp durch die Gasse reiten und mit einem ca. 40 cm langen Eisen-

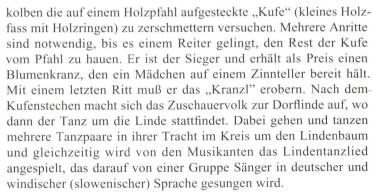

kolben die auf einem Holzpfahl aufgesteckte „Kufe" (kleines Holzfass mit Holzringen) zu zerschmettern versuchen. Mehrere Anritte sind notwendig, bis es einem Reiter gelingt, den Rest der Kufe vom Pfahl zu hauen. Er ist der Sieger und erhält als Preis einen Blumenkranz, den ein Mädchen auf einem Zinnteller bereit hält. Mit einem letzten Ritt muß er das „Kranzl" erobern. Nach dem Kufenstechen macht sich das Zuschauervolk zur Dorflinde auf, wo dann der Tanz um die Linde stattfindet. Dabei gehen und tanzen mehrere Tanzpaare in ihrer Tracht im Kreis um den Lindenbaum und gleichzeitig wird von den Musikanten das Lindentanzlied angespielt, das darauf von einer Gruppe Sänger in deutscher und windischer (slowenischer) Sprache gesungen wird.
Über den Ursprung dieses Brauches gibt es unterschiedliche Aussagen. Laut Überlieferung stammt seine Herkunft aus der Türkenzeit, wo ein von den Gailtalern gefangener, türkischer Hauptmann an einen Pfahl gebunden wurde und zur Volksbelustigung von den vorbeireitenden Bauern mit ihren Keulen erschlagen wurde. Nach einer anderen Version hat der Brauch seinen Ursprung in alten Turnierspielen aus der Ritterzeit. Eine der ältesten Aufzeichnungen über das Kufenstechen stammt von Erzherzog Johann aus dem Jahre 1804 und dokumentiert das hohe Alter dieses Brauches.

Ein ortsgebundener und wohl auf die Bergbauvergangenheit zurückgehender Brauch ist das „Häfenschlagen", das alljährlich im Oktober in Dellach und Tröpolach im oberen Gailtal stattfindet. Die Überlieferung besagt, daß zufolge der damaligen schlechten Ausleuchtung der Bergbaustollen, der Orientierungssinn der Bergleute eine wichtige Rolle bei ihrer Arbeit spielte. Um dies zu verbessern, sollen die Knappen auf eine Art Orientierungstraining gekommen sein. Dabei wurde dem Knappen ein Sack über den Kopf gestülpt und er dann mehrmals im Kreis gedreht. In einiger Entfernung wurde ein Pfahl mit einem Häfen (Topf) aus Ton aufgestellt. Der Knappe mußte nun versuchen den Pfahl auf kürzestem und schnellstem Weg zu erreichen und den Häfen mit einem Stock herunter zu schlagen, wobei ein Trommler durch verschiedenen Rythmen die Richtung angab. Als Belohnung winkte ein Silberstück.

Im Gitschtal besteht noch ein uralter, auf die heidnische Zeit zurückreichender Brauch, der früher weit verbreitet war. Das sogenannte „Scheibenschlagen" kennen Zeitgenossen auch aus dem Lesachtal und anderen Tälern. Die Tatsache, daß der Brauch heute noch in ehemals alemannischen Gebieten gepflegt wird, läßt vermuten, daß man es mit einem Brauchtum aus vorchristlicher Zeit zu tun hat, bei dem die Sonne als lebenspendende Kraft in der Vorstellung der Urahnen eine große Rolle spielte. An geeigneten Stellen werden zur Sommersonnenwende im Freien Feuer entzündet, worin dann kleine, durchlöcherte, auf einem Haselstock gesteckte Holzscheiben aus Buchenholz angeglüht, dann im Kreis geschwungen und über eine schräge Brettrampe in die Nacht geschlagen werden. Je nach Können und Glück fliegen die Scheiben, eine glühende Spur hinterlassend, mehr oder weniger weit durch die Luft. Dabei werden sinnige und zuweilen auf Personen bezogene, heitere Sprüche zum Besten gegeben. Auch Wünsche werden ausgesprochen, die dann je nach Weitenflug der Scheibe in Erfüllung gehen sollen.

Alte Arbeitsformen

Wo noch vor wenigen Jahrzehnten in der Forstwirtschaft der Abtransport der Holzstämme aus den Wäldern mittels echter Pferdestärken erfolgte, führen heute für Lastkraftwagen taugliche Forststraßen in die entlegensten Gräben. Ein wenig Nostalgie beim Betrachten der alten Bilder ist alles, was übrig blieb.

Als nach dem 2. Weltkrieg in der Landwirtschaft die Mechanisierung verstärkt einsetzte, brachte sie vielfach ein Verschwinden der bisherigen Formen und Methoden in der Feldarbeit mit sich. Handarbeit wurde durch Maschinen abgelöst und die althergebrachte Arbeitsweise blieb auf die extremen Steilhänge beschränkt.
Durch das Anheben des Lebensstandards im bäuerlichen Bereich und das verstärkte Angebot im Handel, wurde auch das über Jahrhunderte auf den Bauernhöfen übliche Herstellen von Leinen und Loden weitgehend verdrängt. Arbeitskräftemangel tat das übrige. In letzter Zeit besinnt man sich jedoch wieder verstärkt der alten Werte und versucht z.B. durch Neupflanzung traditioneller Kulturpflanzen wie Hanf und Flachs und deren Verarbeitung und Nutzung, Marktnischen zu erschließen und neue Wertschöpfungsmöglichkeiten im bäuerlichen Bereich zu erreichen.

Die Kulturpflanze Mais war bis zu den Türkeneinfällen im 15. Jhdt. hierzulande nicht bekannt. Sie soll damals von den Türken ins Land gebracht worden sein. Der mundartliche Name „Türgge" oder „Kukuruz" wird im „Kärntischen Wörtebuch" v. M. Lexer mit „Türkischer Weizen" erklärt. Im Bild unten Verwandte und Nachbarn eines Bauern beim sogenannten „Türggefiedern", dem Befreien der Maiskolben von den umhüllenden Blättern, rechts im Bild eine Bäuerin beim Spinnen von Wolle.

Jagd und Fischerei

Das Jagd- und Fischereiwesen hat auch im Gailtal eine lange Tradition. Schon Paolo Santonino beschreibt in seinen Reiseberichten (1485-87) die Üppigkeit der Festessen bei den Gailtaler Burgherren und in den Gasthäusern, die aus reichlichen Wild- und Fischgerichten bestanden.

Bis zur Aufhebung des Untertanwesens (1848) war die Ausübung von Jagd und Fischerei bevorzugtes Recht der Grundherren. Als dann infolge des Überganges vieler Bauerngüter und Grundstücke in das Eigentum der Untertanen auch das Jagdrecht auf die neuen Grundeigentümer überging, wurden durch die zunächst ungeregelten Jagdverhältnisse, bis dahin im Tal vorkommende Wildarten völlig ausgerottet. Erst vor und während des 2. Weltkrieges tauchte im Gailtal das Rotwild langsam wieder auf, das sich dann zufolge der Jagdbewirtschaftung wieder vermehrte und in den 60er Jahren bis ins Lesachtal vordrang. Aus den südlichen Gebieten kommend, macht sich in letzter Zeit auch der Bär wieder bemerkbar, gleichfalls ist der Luchs und das Wildschwein vereinzelt wieder in den Jagdgebieten anzutreffen. Um das Jagdwesen ranken sich viele mehr oder weniger wahre jägerlateinische Geschichten, die oft in eine heitere und auch musikalische Form gebracht werden, wie folgende Beispiele eines Liedes und eines Gedichtes zeigen.

Ins Gailtål aufe (Altes Kärntner Volkslied)

1. Ins Gailtål aufe geh i jagan,
   bei da schwårzn Wånd, jå då is mei Stånd,
   ka Fuchs, ka Hås, ka Diandle schleicht ma zua,
   jå i was schon wås i tua.

2. A wårme Stubm is ma liaba,
   åls da greane Wåld, draußn is går so kålt!
   Dazua a guate Hålbe Wein,
   he Bua, dås war fein.

3. Es jågd ka Hund, hiaz schleich i,
   bleib neamma då, kimmt so ka Viech!
   Na, na då bleib i neamma,
   jå i waß schon meine Schlich.

Håsenjågd (Gedicht von Georg Burger)

1. In Sunti wår Jågd, untarn Berg, aufn Griaß,
   wås ba uns Büxn håt, wår auf de Füäß.
   Gekråcht und getunnat håts, wia in da Schlåcht,
   de Håsn, neugierig, hont Mandlan gmåcht.

2. Und wia se hont gseachn, wer ålls dabei is,
   woarn se ums Löbm sicha gånz gwiß.
   In Stof hont se åls erschtn dakennt,
   den laf ma nit durch, bis er uns nåchrennt.

3. So lång as a schiaßt, braucht se kans nit ze rüahrn,
   nimmb a sei Gwihr wöck, ka Zeit ma valiarn,
   dånn åba gschwind und in Satzn davon,
   der laft wia a Hund und nit wia a Månn.

4. Und wia se so rödn, håts zwamål gekråcht,
   de Håsn hont gwunkn und hont ihn ausglåcht.
   Hiatz wirft a vur Zoarn sei Schiaßeisn wöck
   und fång ån zen lafn durch Schnea und durch Dröck.

5. Üban Dåmm geahts dahin, de Håsn vornaus
   a tamische Hötzjågd, wögn an tålkatn Schmaus.
   an gach sinkt a nieda, an Stich håt´sn göbm,
   der håt gerettet in Håsn es Löbm.

Um das Jagdwesen nach außen hin nicht nur mit der Jagdwaffe zu präsentieren, wurden im Gailtal mehrere Jagdhornbläsergruppen gegründet, die bei jagdlichen Veranstaltungen durch ihre Vorträge den Feiern einen würdigen Rahmen verleihen.

Für den Urlaubsgast wie für die heimische Bevölkerung gibt es im Gailtal für die Freizeitgestaltung eine Fülle von Angeboten.
Schon in den natürlichen Gegebenheiten der Landschaft, vom Talgrund bis in die Gebirgsregionen, sind die Voraussetzungen für die Ausübung vieler Sport- und Freizeitaktivitäten vorhanden.

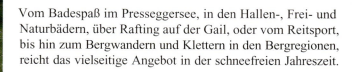

Vom Badespaß im Presseggersee, in den Hallen-, Frei- und Naturbädern, über Rafting auf der Gail, oder vom Reitsport, bis hin zum Bergwandern und Klettern in den Bergregionen, reicht das vielseitige Angebot in der schneefreien Jahreszeit.

Freizeit und Sport

Der weite Bogen der Freizeit- und Sportmöglichkeiten für die Winterzeit spannt sich vom Alpinschilauf, Langlauf und Schiwandern über Pferdeschlittenfahrten und Hundeschlittenbewerbe bis hin zum Eisstockschießen und Eislaufen auf den zugefrorenen Seen.

Geologie - Erdgeschichte

Im Bereich der Geologie hat das Gailtal mit seinen südlich und nördlich verlaufenden Gebirgszügen hochinteressantes zu bieten. Die gebirgsbildenden Kräfte in der Zeit der Alpenentstehung vor mehreren 100 Millionen Jahren haben Zeugnisse hinterlassen, denen man auf Schritt und Tritt begegnet. Hier ist besonders der Gebirgszug der Karnischen Alpen hervorzuheben, denn in nur wenigen Gebieten der Erde sind in Gesteinen Zeugnisse der Vergangenheit in so eindrucksvoller Weise erhalten wie hier. Wer ihnen nachspürt, stößt allenthalben auf die Reste längst ausgestorbener Meerestiere und Landpflanzen, sieht uralte Riffe aus Korallen, Schnecken, Muscheln, Seelilien und vielen anderen Organismen. Er lernt das Entstehen und Vergehen eines Gebirges kennen, niedergeschrieben im Buche der Natur, die hier gleichsam ein Bilderbuch der Erdgeschichte widerspiegelt, dessen erste Seite vor rund 500 Millionen Jahren aufgeschlagen wurde und das in der Gegenwart noch immer geschrieben wird. Die Karnische Region gehört somit zu jenen Gebieten der Erde, die in besonders klarer Form ein lückenloses Bild der Erdgeschichte über einen längeren Zeitraum nachzeichnet. (Entnommen aus „Vom Urknall zum Gailtal, 500 Mill. Jahre Erdgeschichte in den Karn. Alpen", von Hans Peter Schönlaub)

Um auch der Öffentlichkeit und dem Laien die wichtigsten und interessantesten Ergebnisse der modernen geowissenschaftlichen Forschung wie in einem riesigen Freilichtmuseum in verständlicher Form zu präsentieren, wurde in den Jahren 1986-87 das Vorhaben „Geo-Trail" im Bereich der Karnischen Alpen gestartet, an dem der Kärntner Geologe Univ. Doz. Dr. H. P. Schönlaub als geistiger Vater dieses Projektes, mit anderen Wissenschaftlern, beteiligt war.
Auf Naturpfaden in besonders interessanten und leicht zugänglichen Gebieten wurden großflächige Panoramatafeln mit Gesteinsbeschreibungen errichtet, integriert an geeigneten Aussichtspunkten, die zum Verständnis des geologischen Baues der Gesteinswelten und bestimmten Fossilien beitragen sollen. So finden sich z.B. in den Sandsteinen versteinerte Landpflanzen und in den Kalken versteinerte Meerestiere. Das gesamte Projekt erstreckt sich von der Eggeralm bei Hermagor bis zum Hochweißsteinhaus im Lesachtal.

Auf der Garnitzenalm am Naßfeld wurde im Sommer 1983 ein fossiles Stammstück eines Urbaumes gefunden, bei dem es sich um den Rest eines 290 Mill. Jahre alten Siegelbaumes (*Syringodendron*) handelt. Der Baumstamm ist als Skultursteinkern erhalten, d. h. daß das in sandigen Ablagerungen eingeschwemmte Holz vermoderte. Sand erfüllte dann den zurückgebliebenen Hohlraum, der verhärtete und den Stamm nachformte. Der im Gailtaler Heimatmuseum ausgestellte „Gailtaler Urbaum" ist somit kein fossiles Holz, sondern der Skultursteinkern eines Baumstammes.

In einem Waldstück in der Nähe der Ortschaft Laas bei Kötschach gibt es ebenfalls ein Naturdenkmal zu bewundern. Vor unerwünschten Zugriffen durch ein Drahtgitter geschützt, liegt im Felsen eingebettet, ein 200 Mill. Jahre alter, mehrere Meter langer, versteinerter Baumstamm.

Im Rathaus von Kötschach-Mauthen sind eine Reihe von verschiedenen Gesteinen ausgestellt. Ein Exemplar davon ist aber von besonderer Bedeutung, ist es doch der einzige Fund dieser Art in Österreich. Auf einer Steinplatte sind Klaueneindrücke eines etwa hundegroßen Reptils, eines sogenannten Tetrapoden, zu erkennen, das vor rund 280 Mill. Jahren als Vorläufer der 100 Mill. Jahre später auf der Erde dominierenden Dinosaurier auf dem Lande lebte. Die Gesteinsplatte wurde 1979 nordwestlich des Weilers „Dobra" von Dr. G. Niedermayer aus Wien gefunden und als Dauerleihgabe des Naturhistorischen Museums in Wien, der Gemeinde Kötschach-Mauthen für Ausstellungszwecke zur Verfügung gestellt (ohne Bild).

Archäologie
Vorstoß in die Vergangenheit

Wie schon an anderer Stelle geschildert, hatte man im Gailtal an mehreren Orten bei Ausgrabungen archäologisch bemerkenswerte Funde gemacht, die über die Urzeit der Besiedelung des Tales Auskunft geben. Einer der bedeutendsten Fundorte ist die oberhalb von Dellach, am Südhang des Jaukengebirges liegende Siedlung **Gurina**. Hier soll eine, die Handelswege von den Salzbergbauzentren der Nordalpen (Hallein, Hallstatt) über den Plöckenpaß nach Norditalien beherrschende Wallburg bestanden haben, die ein wirtschaftliches und kulturelles Zentrum darstellte.

Schon um die Mitte des 19. Jhdts. fanden hier Raubgrabungen statt, deren Funde verstreut oder verschollen sind. Die systematischen Grabungen begannen dann im Jahre 1884 und wurden durch einige Jahre fortgesetzt. Die damaligen Funde waren eher dürftig, in Kleinfunden wurden jedoch nordetruskische Schriftzeichen in venetischer Sprache entdeckt, die heute zu den ältesten Schriftdenkmälern Österreichs zählen. Erst im Jahre 1993 wurden die Grabungen auf Betreiben der Gemeinde wieder aufgenommen und bereits ein Jahr darauf wurde ein Teil einer vorrömischen Wehrmauer freigelegt. Die dabei gemachten, kulturell wertvollen Funde wie Fibeln, Eisenwaffen, Münzen, Bronzestatuetten und -votivtafeln mit Weiheinschriften u.a.m. ergaben den Nachweis einer durchgehenden Besiedelung von zumindest um 800 v. Chr. bis ins Frühmittelalter.

Auf der sogenannten „Derther Platte" südlich der Gail, unterhalb der Gemeinde Hohenthurn, befinden sich Siedlungsreste aus der Hallstatt- und Lathene- Kultur.

In der geschichtsträchtigen Gegend der Gemeinde Dellach, unweit der St. Helena- Kapelle am Wieserberg hoch über dem Talboden, befindet sich ein riesiger Feldhügel von etwa 70 m Durchmesser, dessen Aussehen schon für den Nichtfachmann sehr auffällig ist. Die Vermutungen der Fachleute reichen von einem antiken Grabhügel bis zu einer mittelalterlicher Wehranlage. Dem langgehegten Wunsch der Gemeinde Dellach und des Museumsvereines, sowie des Grundstückeigentümers folgend, wurde im Jahre 1995 eine vom Kärntner Landesmuseum unterstützte, wissenschaftliche Untersuchung eingeleitet. An eine archäologische Grabung war vorerst nicht zu denken und so wurde die moderne geophysikalische Methode eines Bodenradars angewandt, die ergab, daß es sich um einen gewaltigen, wohl hallstattzeitlichen Grabhügel handelt, dessen Aufschüttung offensichtlich durch Menschenhand erfolgte. Es konnte ein wahrscheinlich aus großen Steinblöcken bestehender, massiver Kern von 20 m Durchmesser und bis zu 4 m Höhe, mit einer künstlichen Plattform und einer Umfassungsmauer festgestellt werden. Soviel bei Drucklegung dieses Buches bekannt war, soll auf Grund dieser Ergebnisse in Kürze mit archäologischen Grabungen begonnen werden.

Im Bereich des Dobratsch, unterhalb des Gipfels bis zu den östlichen Ausläufern beim Warmbad Villach, gibt es zahlreiche Höhlen. Bekannt sind bisher etwa 30 größere und über 100 kleinere, die teils phantasievolle Namen wie „Dämonenhöhle", „Heuschreckenloch", „Quallenhöhle", „Seufzerloch" oder „Kleines Schreckloch" tragen. Zumeist handelt es sich dabei um sogenannte Karstschächte, in denen Forscher bis in eine Tiefe von 120 m vordringen konnten. Besonders an der Ostseite des Berges nahe dem Warmbad Villach gibt es einige Höhlen, die als Forschungsobjekte sehr beliebt sind. Die bedeutendste davon ist das 528 m lange „Eggerloch". Eine archäologische Sensation wurde von Höhlenforschern aus Villach um das Jahr 1996 entdeckt. Bei der genaueren Untersuchung einer Höhle wurden in mehreren Metern Tiefe Skelettknochen von ca. 100 Personen und von Haustieren, sowie 40 Bronzeschmuckstücke gefunden. Diese Funde aus der „Durezza-Superhöhle" sind zweieinhalb Jahrtausende alt und geben Aufschluß über die Lebensart der Menschen, die noch vor den Kelten hier gelebt haben.

Von Warmbad Villach führt ein Wanderweg über ein Waldgebiet nach Federaun, der als „Römerstraße" bekannt ist. Hier gibt es ein Wegstück, wo die im Felsen eingegrabenen Spuren der Wagenräder aus der Römerzeit noch gut zu sehen sind (ohne Bild).

Die Bezeichnung „Schalenstein" ist für die Vorgeschichtsforschung ein bekannter Begriff. Schalensteine sind Gesteinsblöcke oder -platten, die obenauf schalenförmige, von Menschenhand geschaffene Vertiefungen aufweisen. Solche Steine sind von mehreren Fundorten bekannt, so z.B. vom Danielsberg im Mölltal, der als einer der ältesten, steinzeitlichen Siedlungspunkte der Region gilt. Weitere Funde belegen dort ein Alter von bis zu 6000 Jahren.
Eine solche, mühlsteinförmige Steinplatte von ca. 100 cm Durchmesser befindet sich am Dorfplatz von Rattendorf, die in ortsüblicher Bezeichnung „Zechtisch" oder „Zechstein" genannt wird und somit Bezug auf einen Umtrunk der Zechburschen bei diversen Festen hat. Der Stein weist auf beiden Seiten viele unregelmäßig verwitterte, schalenförmige Eintiefungen auf. Da Merkmale aus vorgeschichtlicher Zeit vorhanden sind, kann er den Schalensteinen zugeordnet werden. Gefunden wurde das Relikt auf dem Naßfeld. Es wird bereits in einer Publikation aus dem Jahre 1885 erwähnt. Über den Zeitpunkt des Abtransportes ins Tal gehen die Meinungen auseinander. Der Stein gilt als einmalig in Kärnten.

Im Jahre 1989 kamen in Förk bei Nötsch bei Raubgrabungen bedeutende keltische Waffenfunde zu Tage, die aus mehreren Garnituren von Helmen, Schwertern, Lanzenspitzen, Schwertketten und Schildbeschlägen bestanden. Die Datierung dieses Waffenweihefundes wird für die Zeit um 300 v. Chr. angenommen und kann im Zusammenhang mit der keltischen Landnahme im Ostalpenraum gesehen werden. Teile dieser, auf dunklen Wegen außer Landes gebrachten „Prunkstücke aus Kärntens Urgeschichte" wurden durch das Römisch-Germanische Zentralmuseum in Mainz aufgekauft. Der darauf von der Kärntner Landesregierung zurückgekaufte Keltenschatz befindet sich jetzt im Kärntner Landesmuseum in Klagenfurt.

Kriegszeiten

Im 1. Weltkrieg waren die Karnischen Alpen über zweieinhalb Jahre heiß umkämpftes Gebiet und erlangten dadurch traurige Berühmtheit. Die Spuren dieses unseligen, sinnlosen Stellungskrieges können heute noch entlang des Grenzkammes besichtigt und erwandert werden. Verrostete Stachendrahtverhaue, verfallene Schützengräben, verschiedene Kriegsreste und Felsinschriften, neben Soldatenfriedhöfen, Kriegerdenkmälern und Gedenkkapellen erinnern an die Kriegshandlungen. Besonders der Plöckenpaß war wegen seiner strategischen Bedeutung hart umkämpft. Heute erinnert dort ein Freilichtmuseum als historisches Dokument an die Ereignisse jener Jahre, wo durch wiederhergestellte Kriegsstellungen und Verteidigungsanlagen dem Besucher das schicksalhafte Geschehen dieses Gebirgskrieges vor Augen geführt wird und die Erinnerung daran wach gehalten werden soll. Diesem Bestreben sind auch das Plöckenmuseum im Rathaus in Kötschach-Mauthen und das Gailtaler Heimatmuseum in Möderndorf bei Hermagor bemüht, Rechnung zu tragen. Aber auch die Zeit der Franzosenherrschaft und der Türkeneinfälle hat Zeugnisse hinterlassen. Durch einige Denkmäler und Museumsexponate geraten auch diese historischen Ereignisse nicht in Vergessenheit.

Detail aus dem Freilichtmuseum am Plöckenpass.

Heldenfriedhof aus dem 1. Weltkrieg bei Dellach im oberen Gailtal

Östlich von Hermagor steht das „Franzosenkreuz" zum Gedenken an einen erschossenen und hier begrabenen Franzosen. Seit die berühmte Kärntner Dichterin Ingeborg Bachmann in einer Erzählung mit dem Titel „Das Honditschkreuz" sich mit der Franzosenherrschaft befaßte, wird es auch als „Honditschkreuz" bezeichnet.

Als Mahnmal gegen den Krieg wurde 1926 die Plöckenkapelle errichtet. Unter dem Motto „Nie wieder Krieg" treffen sich hier alljährlich die Feinde von einst, um der Kriegsopfer beider Weltkriege zu gedenken.

Zwei Mahnmale an die Zeit, als die Truppen Napoleons das Gailtal besetzt hielten, gibt es in Hermagor. Am Hauptplatz steht am Fuße eines 13 m hohen Obelisken die überlebensgroße Statue eines Achterjägers in der Uniform der damaligen Epoche. Das Denkmal erinnert an die Kämpfe der österreichischen Truppen gegen die Franzosen im Jahre 1813, bei dem die Achterjäger das letzte Gefecht bei Hermagor für sich entschieden hatten. In ritterlicher Art wird an zwei Inschriften der Gefallenen beider Lager gedacht. Ein weiteres Monument zur Erinnerung an die Kämpfe steht auch am Dorfplatz in Feistritz-Gail. Einer Sage zufolge soll am Grund des Pressegger Sees ein Franzosenschatz liegen.

In den meisten Orten des Gailtales stehen Gedenkstätten für die Opfer der Kriege.

In einer Mauernische am Kirchturm der Pfarrkirche in Kötschach erinnert eine Granate an den Beschuß von Kötschach durch die Italiener.

Kriegsrelikte im Plöckenmuseum (1. Weltkrieg)

Türkenhellebarde im Gailtaler Heimatmuseum

Die Bergwelt der Karnischen Alpen

Die Karnischen Alpen sind ein über 100 km langer Gebirgszug, der geradlinig in Ost-West-Richtung verläuft und das Gebiet zwischen dem 2433 m hohen Helm bei Sillian und dem 1693 m hohen Göriacher Berg bei Thörl-Maglern einschließt. Der auch als Karnischer Kamm benannte Höhenzug bildet seit 1866 die Staatsgrenze zu Italien, im äußersten Westen und Osten jedoch erst seit Ende des 1. Weltkrieges. Die ebenfalls in Ost-West-Richtung verlaufende Gailtalfurche, die längste geradlinige Talfurche der Ostalpen, die sich aus dem unteren und oberen Gailtal, dem Lesachtal auf Kärntner Gebiet und dem Tiroler Gailtal westlich der Landesgrenze zu Osttirol zusammensetzt, begrenzt die Karnische Hauptkette im Norden. Südlich wird der buntgestaltete Höhenzug von den einzelnen Talabschnitten Val Canale (Kanaltal), Canale di Gorto, dem Oberlauf des Piaveflusses, dem Comelico und dem Sextental begrenzt.

Der Bereich um den Wolayersee mit der 2780 m Hohen Warte (Mte. Colians, höchster Gipfel der ganzen Bergkette), ist der zentrale Teil. Der Gebirgskamm gegen Osten verläuft dagegen weniger spektakulär und die Gipfel erreichen dort nur noch eine Höhe bis zu 2279 m. Während die Talschaften auf der Südseite des Grenzkammes eine sehr uneinheitliche geographische Gliederung aufweisen, ist auf der Nordseite dagegen eine selten gleichförmige Landschaftsstruktur vorhanden. Diese Gleichmäßigkeit ist in der geraden Längsachse des Haupttales und in der Regelmäßigkeit der vielen Quertäler begründet. Der westliche Teil des Gebirgszuges von der Hohen Warte bis zum Helm wurde bereits in den beiden Bildbänden desselben Autors, „Lesachtal" und „Tiroler Gailtal" vorgestellt. Der Abschnitt von der Hohen Warte ostwärts wird schwerpunktmäßig in diesem Buch behandelt.

Die alpine, touristische Erschließung der Karnischen Berge begann um die Mitte des 19. Jahrhunderts, obwohl schon früher durch Jäger und Hirten ruhmlose Erstbesteigungen erfolgten. In seinem 1929 erschienenen „Führer durch die Karnische Hauptkette" schreibt der bekannte Bergfreund Ing. Eduard Pichl folgendes: *„Nur eine Handvoll Alpenforscher oder Männer der Wissenschaft und eine kleine Schar von bergfrohen Jägern und Hirten durchstreiften in der Zeit vor 1900 und Anfang des 20. Jhdts. dieses weltverlorene Gebiet. Erst nach dem 1. Weltkrieg erinnerten sich einige, daß es im südlichsten Winkel Österreichs einsame Berge gibt, die es wert sind, aus dem Schlummer gerissen zu werden. - - - Die übrige Welt außerhalb Kärntens und Osttirols horchte auf, als sie die Kunde von einer unbekannten Alpengegend vernahm."*

Seither haben viele Bergfreunde den Weg zu den Karnischen Alpen gefunden und in den vergangenen Jahrzehnten hat dieses Gebiet im mitteleuropäischen Gebirgs- und Wandertourismus einen sehr großen Bekanntheitsgrad erreicht.

Die Königsgipfel der Karnischen Alpen ragen hinter der Mauthner Alm empor.

Die Luftaufnahme zeigt das gewaltige Felsmassiv der Kellerwand, dessen Gipfel die Höhe von 2769 m erreichen, mit dem in einer Mulde versteckten Eiskargletscher. Das rund 18 ha große Eisfeld ist der einzige Gletscher in den Karnischen Alpen und wurde im Jahre 1897 das erstemal vermessen. Um das durch die schneearmen Winter in letzter Zeit bedingte Schwinden des Gletschers zu dokumentieren, werden laufend Messungen durchgeführt.

Gamskofel 2526 m

Mauthner Alm

Beeindruckt steht man in der unteren Valentinalm vor der mächtigen Felswand des Kellerwandblockes. „ ...denn von seinem Rande stürzt eine einzige pralle Wand ohne Furchen, ohne Pfeiler weiter zur Tiefe, volle tausend Meter hoch, bis zum Bachschutt der Valentin..." So wurde die Wand in einer Zeitschrift des Österreichischen Alpenvereines im Jahre 1893 beschrieben.

Östlich des Plöckenpasses und dem Grenzkamm vorgelagert erhebt sich dominierend über dem Talboden von Kötschach-Mauthen, der mächtige, 2332 m hohe **Polinik**. *„Der Polinik ist der höchste Gipfel unter den an Schroffheit und stolzem Aufbau gegen Osten immer mehr verlierenden Bergen"* (Pichl 1929). Weit reicht der Blick vom Gipfel ins Tal.

Die den Plöckenpaß beidseitig flankierenden Gipfel des Cellon und des kleinen und großen Pal waren Schwerpunkte des Gebirgskrieges von 1915 - 1917. Hier standen sich die gegnerischen Truppen unmittelbar gegenüber. Die alten Kriegsstellungen und Kavernen wurden in den Jahren nach 1980 durch den Verein der „Dolomitenfreunde", mit Unterstützung des Österreichischen Bundesheeres und vieler freiwilliger Helfer wieder instand gesetzt. Mit diesem idealistischen Einsatz wurde aus den alten Anlagen ein beeindruckendes Freilichtmuseum gestaltet.

Der **Cellon** oder Frischenkofel mit 2241 m Höhe, westlich des Plöckenpasses.

Ein Naturdenkmal von besonderer Art ist die **Mauthner Klamm,** die vom Valentinbach durchflossen wird. Sie zählt zu den schönsten im Alpenraum und ist im ersten Abschnitt leicht begehbar. Am Weg zur Klamm ist auf einem Kraftwerksgebäude ein Bild angebracht, das den römischen Kaiser Valentinian beim Trinken aus dem Bach zeigt, der nach ihm benannt sein soll (siehe Seite 15).

Einige Seitengräben am Nordhang des Karnischen Gebirgszuges münden schluchtartig in den Talboden. Durch die stufenförmigen Gesteinsformationen fließen die Wildbäche, die sich bei starken Niederschlägen in wilde, kaskadenartige Wasserfälle verwandeln, wie z.B. hier im wildromantischen Kronhofgraben bei Weidenburg. Sie wurden zum Teil unter Naturschutz gestellt.

Vom Plöckenhaus zweigt in östlicher Richtung das Angerbachtal ab. Ein Almgebiet, auf dem ein wunderschöner, allerdings künstlicher Bergsee liegt. Der „Grünsee" versorgt mit seinem Speicherwasser ein Kraftwerk.

Das Plöckenhaus, mit Blick gegen die Mooskofelgruppe

Für die vom Westen kommenden Benützer des Karnischen Höhenweges ist die Untere Valentinalm mit dem bewirtschafteten Gasthaus der letzte Stützpunkt vor dem Plöckenhaus.

Die Alpenflora in den Karnischen Bergen weist eine artenreiche Vielfalt auf, wie sie sonst selten anzutreffen ist. Zwei Spezialisten dieser Hochregion sind der **Gelbe Enzian** *(Gentiana lutea)*, die entwicklungsgeschichtlich älteste und größte Enzian-Art (Bild rechts) und der **Alpenmannstreu** *(Eryngium alpinum)*, der im Volksmund auch „Anhaken" oder „Anhång'n" genannt wird (Bild unten).

Eingebettet in grüne Almmatten liegt in 1766 m Höhe und am Fuße des 2199 m hoch aufragenden **Hohen Trieb**, das Naturdenkmal **Zollnersee**.

Der Verlauf des Höhenkammes der Karnischen Alpen vom Plöckenpass bzw. Polinik ostwärts, ist in seiner Gebirgsstruktur nicht mehr so markant, da der hochalpine Charakter des westlichen Abschnittes ausgedehnten Almflächen und Hügeln weicht und die knapp 2200 m Höhe erreichenden Gipfel durchwegs bis oben begrünt sind. Für den Bergwanderer, der sich auf dem Karnischen Höhenweg 403 befindet, ist das Gebiet um den Zollnersee von Bedeutung, da die auf der Zollneralm liegende Dr. Steinwender-Hütte ein wichtiger Stützpunkt ist. Die nach dem ehemaligen, inzwischen verstorbenen Obmann der Ortsgruppe Obergail-Lesachtal benannte Hütte der ÖAV-Sektion Austria liegt in 1750 m Seehöhe und wurde im Jahre 1976 erbaut und 1993-94 generalsaniert. Dr. Ernst Steinwender war praktischer Arzt in Kötschach-Mauthen und hat sich um die Erschließung des Karnischen Höhenweges, sowie beim Bau der Hütten sehr verdient gemacht.

An vielen Orten entlang des Karnischen Höhenweges erfreut der Anblick von zahlreichen Bergblumen das Herz des Wanderers, wie z.B. die kleinen, weißen Blüten einer Steinbrechart (rechts), oder die saftiggelben Blüten der Trollblumen (unten).

Unmittelbar neben der Schutzhütte auf der Zollneralm steht die modern gestaltete Friedenskapelle zum Gedenken an die in diesem Raum gefallenen Soldaten des 1. Weltkrieges.

Zwei typische Blumen der Almregionen sind der stengellose Enzian (*Gentiana acaulis* bzw. *-clusii*, Bild oben) und die rostrote Alpenrose (*Rhododendron ferrugineum,* Bild unten), die vorwiegend auf sauren Böden ihren Standort hat, vor allem in den Urgesteinsformationen heimisch ist und so häufig auftritt, daß ganze Almflächen in ein leuchtendes Rot getaucht scheinen. Ähnliche Arten sind die Zwergalpenrose und die bewimperte Alpenrose, die bevorzugt in Kalk- und Dolomitgestein vorkommen. Der volkstümliche Name „Almrausch" hat wohl in der Definition eines berauschenden Anblickes seine Erklärung und weniger in der Bezeichnung eines gewissen Zustandes?

Im alpinen Verlauf des Grenzkammes zwischen dem Zollnersee und dem Trogkofel liegen mehrere Almgebiete zwischen Berggipfeln, von denen der Hochwipfel mit 2195 m der höchste ist. Erst mit dem Trogkofel wird der sanftere Bereich unterbrochen, der sich ab dem Gartnerkofel ostwärts wieder fortsetzt. Zwischen dem Plökkengebiet und den Ausläufern im Osten ist nur der Bereich um das Naßfeld mit wuchtigen, markanten Felsbastionen ausgestattet. Dazu gehören der Trogkofel, der Roßkofel und der Gartnerkofel.

Die Jausenstation auf der Watschiger Alm mit dem Gartnerkofel   Das Gipfelmal am Gartnerkofel

Aus nordwestlicher Blickrichtung präsentiert sich der 2279 m hohe **Trogkofel** als langgezogene Kalkmauer, die hier gar nicht so auffällig aussieht, wie man sie vom Talboden aus kennt. Dort ist dieser Berg mit seinem nordseitigen, fast senkrechten Absturz eine weit ins Tal sichtbare Erscheinung.
Links im großen Bild die dem Trogkofel vorgelagerten Zackengrate, Sattelkopf, Zuckerhütl und Zweikofel.
Kleines Bild: Moderne Seilbahntechnik inmitten der wilden Felslandschaft.

Der wuchtige Trogkofel mit seiner klippenreichen Hochfläche aus der Vogelschau.

Blick von der Rattendorfer Alm zum Trogkofel.

Der das Naßfeldgebiet beherrschende 2195 m hohe **Gartnerkofel** zählt zu den gekrönten Häuptern der Karnischen Alpen. Aus östlicher Blickrichtung ergibt sich ein anderes Erscheinungsbild, wie man es aus den Werbeprospekten kennt.

Über den 2240 m hohen **Roßkofel** (Mt. Cavallo) verläuft die Staatsgrenze zu Italien. Das mächtige Gesteinsmassiv ist ein sehr beliebter Ausflugsberg mit einer herrlichen Aussicht nach Süden zu den Julischen Alpen und zu den östlichen Gipfeln der Karnischen Alpen.

Fast alle Felsformationen im Naßfeldbereich sind attraktive Ziele für Bergsteiger. Für Extremkletterer gibt es Tourenmöglichkeiten in allen Schwierigkeitsgraden.

An der Straße von Tröpolach zum Naßfeld liegt mitten im Waldgebiet der kleine, blau-grüne **Bodensee**. Das unter Schutz stehende Naturjuwel lädt den Naturfreund am nahen Rastplatz zum Verweilen ein. Der den See umgebende Wald spiegelt sich im ruhigen, klaren Wasser.

Wenn man auf der Straße von Hermagor nach Möderndorf in Richtung Eggeralm fährt, gelangt man direkt zum Eingang der **Garnitzenklamm**, die zu den bedeutendsten Österreichs zählt. Die wildromantische Schlucht überwindet auf einer Länge von 6 km einen Höhenunterschied von rund 500 m und ist ein einzigartiges, sehenswertes Naturerlebnis. Eine abgesicherte Steiganlage ermöglicht das Durchwandern der Klamm, die auch als Teil des Geo-Trail ausgestaltet wurde und den Besucher eine erdgeschichtliche Periode von 200 Millionen Jahren vor Augen führt.

Schroffe Steilwände wechseln mit Wasserfällen und Strudeltöpfen und im Bachbett liegen große Steinblöcke. Der oberste Abschnitt der Klamm ist nur schwindelfreien und trittsicheren Wanderern zu empfehlen.

Einen Felsblock im Wald hält das Wurzelgeflecht eines Baumes umklammert.

Man nennt sie **Wulfenia** *(Wulfenia carinthiaca)*, die blaue Blume vom Naßfeld, die in Mitteleuropa endemisch nur hier im Bereich des Gartnerkofels in großen Mengen vorkommt. Die von den Hirten mit Hundszunge oder Kuhtritt bezeichnete Blume wurde im Jahre 1799 bei einer Wanderung durch die Alm vom Jesuiten und Naturforscher Franz Xaver Wulfen (1728-1805) entdeckt und trägt seither seinen Namen. Der Naturforscher war vielseitig tätig, er beschäftigte sich auch mit Bleispaten und war auch an der ersten Expedition ins Großglocknergebiet beteiligt. In seinem Tagebuch schreibt er über die Entdeckung der Blume u.a.: „*Auf der Kiebegger Alpe fand ich die neue blaue Pflanze, die kein Botanist je gesehen oder beschrieben hat und die ein neues Geschlecht ausmacht unter meinem Namen, sie wird von den Hirten Hundszunge genannt*". Der Name der Blume kommt heute in vielen Bereichen der Werbung zu Ehren.

Über die berühmte blaue Blume schrieb der 1901 in Rattendorf geborene Volksschuldirektor Otto Meinecke ein nettes Gedicht in Mundart:

Wulfenia

1. Auf der Wåtschigaålm wåchst a Blüamle so schian,
   Willst's am End amol segn? Tua aufe lei giahn.
   Is a Blüamle, a schians, blaue Äuglan de Blüah,
   håst du's amol gsegn, vagess'n kånnst's nia.
   Håst niama dei Ruah, håst niama dei Råst,
   håst lei dånn a Freud, wånns Blüamle du håst.

2. Schaust her gånz vazwickt, in dein himmlischen Blau,
   i man hålt, du håst wohl dås schianste Gschau.
   Du bist wia a Braut, so gschamig und rein,
   drum ghörst hålt, liabs Schåtzale, ewig lei mein.

3. Bist's anzige Blüamle går weit in da Welt,
   du brauchst di nit aufputzn, brauchst a ka Geld
   du Blüamle, håst do dei schianstes Gwandl!
   in unsern liabn Karntnalandl.

4. Blüah lei weiter so schian, 's wird di nit reu'n,
   wir ålle, wir Karntna, uns wird's åll'n gfreu'n.
   Liabs Blüamle, du Diandle du håst's überwundn,
   weit wor da Weg: Håst ins Karntnalånd gfundn!

Eine weitere botanische Rarität in der Alpenflora ist auch die **Schopf-Teufelskralle** *(Physoplexis comosa)*. Die hochalpine Blume wurde in den siebziger Jahren des 19. Jahrhunderts vom Lehrer und damaligen Bürgermeister Schellander aus Mitschig bei Hermagor entdeckt und wird daher auch „Schellanderia" genannt. Der Fund erregte damals die botanischen Gemüter mehr als die viel früher entdeckte Wulfenia, denn die Schopf-Teufelskralle kommt im Gegensatz zu jener nur an extremen Stellen am Gartnerkofel vor. Außerhalb Österreichs wurde sie nur noch in den Dolomiten und Julischen Alpen gefunden.

Eines der schönsten Almgebiete auf dem Karnischen Höhenzug ist die Eggeralm, erreichbar auf einer Bergstraße von Hermagor aus. In einer hochtalartigen Mulde liegt in 1400 m Seehöhe das Hüttendorf, bestehend aus mehreren bewohnbaren Almhütten, Jausenstation und Gaststätte mit Käsereibetrieb. Von Lärchenwäldern umsäumt ergibt sich besonders im Herbst ein farbenfrohes Bild. Die Eggeralm ist ein lohnendes Ausflugsziel und wird daher von den Touristen sehr gerne besucht.

Kilometerlang zieht sich die Hochterrasse ostwärts am flachen Almsee vorbei in Richtung Dellacher- und Poludnigalm (Bild links).

Zwei der höchsten und schönsten Aussichtsberge am östlichen Grenzkamm sind der 2000 m hohe **Poludnig** und der mit 2052 m etwas höhere **Oisternig** (ohne Bild). Danach fällt der Höhenzug der Karnischen Alpen über Schönwipfel, Kapinberg und Göriacher Berg in den Taleinschnitt bei Thörl-Maglern ab und beendet dort seinen Lauf. Östlich davon beginnen bereits die westlichen Ausläufer des Karawankenzuges.

Einige Almen des Gailtales sind mit Jausenstation und Gästeunterkünften ausgestattet, wodurch sie als Ausflugsziele für den Bergtouristen noch attraktiver sind. Zum Zweck der Bewirtschaftung sind die Almen durchwegs durch Fahrwege erschlossen, die für den Autotouristen aber meistens durch Schranken gesperrt sind.

Am Fuße des bis zum Gipfel bewachsenen Osthanges des Oisternig, liegt die Feistritzer Alm in Form eines kleinen Dorfes (Bild oben), das aus Almhütten, einer Jausenstation und einem Almhotel besteht. Hier teilen sich die aus allen Richtungen kommenden Bergwanderer das weitflächige Bergwiesengelände mit Pferden und Rindern.

Die wunderschönen, violetten Blüten des Alpensteinquendels *(Acinos alpinus)* erfreuen nicht nur das Auge des Botanikers. Die Blume liebt kalkhältige Böden und ist auf den Gailtaler Almen häufig anzutreffen.

Die kleine Bergkapelle **Maria Schnee** steht in der Nähe der Feistritzer Alm, direkt am Grenzkamm. Der Erbauung der Kapelle soll ein Gelöbnis zugrunde liegen.

Südlich des Ortes Vorderberg, wo sich die Kirche im Graben befindet (siehe Seite 66), fließt der Vorderberger Wildbach aus einer tief eingeschnittenen Schlucht, der **Vorderberger Klamm.** Trotz ihrer geringen Länge ist sie ein eindrucksvolles Naturdenkmal.

Eine blühende Feuerlilie bringt etwas Farbe in die grüne Wiese.

Schon zu Römerzeiten war in Kärnten die Verarbeitung von Milch zu Butter und Käse bekannt. Viehzucht und Milchwirtschaft standen in der alpinen Landwirtschaft auf Grund der natürlichen Voraussetzungen von jeher im Vordergrund. Im Mittelalter und danach waren die von den Grundherren gegründeten Schwaighöfe die Grundlage für diesen bäuerlichen Wirtschaftszweig. Diese waren untertänige Bauerngüter, die auf Grund ihrer Höhenlage und des rauhen Klimas vorwiegend für Viehzucht mit Milchwirtschaft geeignet waren. Die Zinsabgaben in Naturalien an die Grundherrschaft bestanden damals teilweise

in Käsereierzeugnissen, deren Herstellung auf den hochgelegenen Gailtaler Almen gut möglich war. Dieser bäuerliche Erwerbszweig hat sich bis in unsere Zeit gehalten und so wird heute noch auf 14 Gailtaler Almen der beliebte Gailtaler Almkäse hergestellt. Grundlage für diese Spezialität sind, neben der naturgerechten Viehhaltung und der sauberen Luft, vor allem das aus nahrhaften Pflanzen und Almkräutern bestehende Futter für die Kühe.

Dieses vorzügliche Markenprodukt ist seit dem Jahre 1997 EU-weit als „Gailtaler Almkäse" unter der Bezeichnung „g. U." ursprungsgeschützt, da es sich auf Grund von Herkunft und Qualität von allen anderen Produkten in der EU abhebt. Mit großzügiger EU-Finanzierung und dem Einsatz der Almbesitzer konnte die Käsereiinfrastruktur auf den zeitgemäßen Stand gebracht werden, was die Voraussetzung für den Erhalt der Ursprungsbezeichnung war.

Im Zuge dieser Entwicklung wurde auf der Tressdorfer Alm am Naßfeld eine Schaukäserei eingerichtet, wo die Besucher, durch Glasscheiben vom hygienischen Arbeitsraum getrennt, die Herstellung von Almkäse und anderen Milchprodukten hautnah miterleben können. Schautafeln und ein Videofilm ergänzen die Information.

Almimpressionen

Milch von glücklichen Kühen ist die Grundlage für den Gailtaler Almkäse.

Ziegenmilch ist gesund und macht stark, besonders bei naturgerechter Gewinnung!

An heißen Sommertagen auf der Alm wissen auch die Pferde den kühlen Schatten einer Viehunterstandshütte zu schätzen.

Seine Majestät läßt sich bewundern.

Manche Bauern befassen sich neuerdings wieder verstärkt mit der Schafzucht als Alternative zum bäuerlichen Erwerb, denn Lammfleisch und Schafkäse sind beliebte Leckerbissen für Feinschmecker.

Die Bergwelt der Gailtaler Alpen

Zwischen den Zentralalpen im Norden und der Karnischen Hauptkette gibt es, eingelagert zwischen dem Gailfluß im Süden und der Drau im Norden, einen Gebirgszug der als „Gailtaler Alpen" bezeichnet wird. Diese Bergkette wird in westliche und östliche Gailtaler Alpen unterteilt. Der westliche Abschnitt reicht von der Einmündung des Tiroler Gailtales ins Pustertal bei Tassenbach in Osttirol, bis zum Gailbergsattel, wobei die Lienzer Dolomiten in dieses Gebiet integriert sind. Der östliche Teil schließt das Gebiet zwischen Gailbergsattel und den Ausläufern der Villacher Alpe bei Villach ein und kann in die einzelnen Gruppen Reißkofelgruppe, Spitzegelgruppe, den Block der Villacher Alpe mit dem Bleiberger Erzberg und der Goldeck- bzw. Latschurgruppe nördlich des Weißensees unterteilt werden. Die alpine, touristische Erschließung der Gailtaler Alpen erfolgte zur selben Zeit wie jene in den Karnischen Alpen.

Für dieses Buch sind nur die östlichen Gailtaler Alpen von Bedeutung, die in Kurzform vorgestellt werden.

Am Jaukenkamm steht dieses Glaubenssymbol, das von der Katholischen Jugend im Jahre 1978 errichtet wurde. Auf einem gemauerten Sockel steht in Beton gegossen das symbolische Zeichen der Jugend „Kreuz und Krone", in dessen Mitte eine Madonnenstatue steht. Der Entwurf für das Bildnis stammt von Pater Paul Mitterdorfer von den Serviten im Kloster Kötschach. Die Statue selbst wurde in Italien aus echtem Carrara-Marmor herausgemeißelt.

Östlich des Gailbergsattels beginnt der **Jaukenkamm**, dessen Name von Juk = Süden, Jaukwind = Südwind, abgeleitet wird. Dieser kilometerlange Bergrücken erhebt sich über den Orten St. Daniel und Dellach und besteht aus drei Hauptgipfeln, von denen der Torkofel mit 2275 m der höchste ist. Die beiden anderen sind der 2227 m hohe Spitzkofel (auch Dreischneid) und die 2229 m hohe Jaukenhöhe, früher auch Neujahrshöhe genannt. Weite Almgebiete liegen unterhalb des Gipfelgrates. Der ganze Block wird östlich durch den Jaukensattel bzw. Ochsenschluchtsattel vom Reißkofelmassiv abgegrenzt.

Auf den Bergbau im Gailtal, der seit der Kelten- und Römerzeit ein wirtschaftliches Fundament darstellte, wurde bereits hingewiesen. Am Jaukenberg wurde Blei- und Galmeierz abgebaut, später kamen noch Kupfer, Eisen und Zink hinzu. Mit Unterbrechungen dauerte der Bergbau bis zum Ende des 19. Jahrhunderts. Für den Untergang dieses Wirtschaftszweiges waren eine zunehmende Konkurrenzsituation, steigende Kosten und die ungünstige Verkehrslage verantwortlich. Bezeichnungen wie Erzstraße und Knappensteig sind teils noch geläufig und erinnern an die verflossene Bergbauzeit. Der ehemalige Standort eines Knappenhauses ist zwar noch bekannt, es ist aber kaum mehr zu erkennen.

Die weiß blühende Silberwurz (auch weißer Speik) ist eine schöne Bergblume, die in den Gailtaler Alpen an einigen Plätzen oberhalb der Waldgrenze vorkommt.

Der Hauptgipfel des Jaukenkammes, der Torkofel, ist durch einen gewaltigen Felsriss an seiner Südflanke gezeichnet, der sogenannten „Torrinne", deren Abbruchmaterial sich in einer Schutthalde bis in den Almboden ergießt.
Eine interessante Begebenheit ist aus der Zeit des Nationalsozialismus (1938-1945) überliefert. Die damals organisierten Jugendverbände, HJ (Hitlerjugend) und BDM (Bund deutscher Mädchen) wurden oft für Propagandazwecke des damaligen Regimes herangezogen. So wurde im Jaukengebiet die Anpflanzung von Latschensträuchern in Form des deutschen Reichsadlers angeordnet. Im Bild ganz links ist dieses Muster noch recht gut zu erkennen.

In der letzten Abendsonne erheben sich der Bergrücken der Jauken und die Pyramide des Reißkofels über dem Nebel.

Unter der großen Fülle von Bergblumen in den Gailtaler Alpen gibt es auch wertvolle Kostbarkeiten, wie z.B. die zarten Trichter- oder Paradieslilien *(Paradisea liliastrum)*, im Bild oben, oder das berühmte, aber schwer zu findende Edelweiß *(Leontopodium alpinum)*, im Bild unten.

„Das Glanzstück ist der mächtige, stolz aufstrebende Reißkofel, der höchste Berg der östlichen Gailtaler Alpen, mit altberühmter Aussicht." So beschrieb der bekannte Alpinist Eduard Pichl 1929 das 2371 m hohe Bergmassiv. Der sagenumwobene **Reißkofel** erhebt sich dominierend über dem Talgrund des oberen Gailtales und gilt auf Grund seiner besonderen Lage als einer der bedeutendsten Aussichtsberge. Vom Gipfel reicht der Ausblick nach Süden ins Tal und darüberhinweg zum Karnischen Hauptkamm, im Südosten erkennt man die Gipfelkette der Julischen Alpen, gegen Norden reicht der Blick über das obere Drautal hinaus bis zu den Zentralalpen und im Westen bis zu den schroffen Zacken der Lienzer Dolomiten.

Um den geheimnissvollen Berg ranken sich mehrere Sagen, die von einem mit goldenen Zapfen umrandeten See im Inneren des Berges mit Goldfischlein und goldblonden Wassernixen erzählen, von goldsuchenden Italienern, die von den Nixen in die dunkle Tiefe des Sees gezogen wurden, oder von einem Bauern, dem es gelang, den geheimen Eingang zum See zu finden und der ebenfalls in die Tiefe des Sees gezogen wurde, um in einer fremdem Gegend zu erwachen und erst nach langer Zeit wieder zurück ins Gailtal zu finden.

Das Gebiet unterhalb der Südflanke soll historischer Boden sein, denn dort soll die sagenhafte Römersiedlung „Risa Troi" gelegen sein, die bei einem Bergsturz vom Reißkofel verschüttet worden sein soll. Nachweise darüber gibt es keine, wie auch das Jahr dieses angeblichen Ereignisses (476 n. Chr.) in einer Erzählung eher einer dichterischen Ader entstammen könnte. Trotz seiner dunklen Geschichte ist der Berg ein lohnendes Ziel für trittsichere Bergfreunde, die seine großartige Aussicht zu schätzen wissen.

Das Gipfelkreuz am Reißkofel

Die letzten Sonnenstrahlen des Tages tauchen den Reißkofel in stimmungsvolles Abendlicht.

Am Fuße der Nordwand des Reißkofels liegt in 1650 m Höhe die E. T. Compton-Hütte. Der Beschluß, an dieser Stelle eine Schutzhütte zu bauen reicht in die Zeit des 1. Weltkrieges zurück. Erst im Jahre 1928 konnte die Hütte eröffnet werden, die nach dem englischen Alpenmaler Eduard Theodor Compton benannt wurde. Der behagliche Holzbau bietet Einkehr- und Nächtigungsmöglichkeit für den Bergwanderer und Hochalpinisten. Sie ist dabei ein wichtiger Stützpunkt, da sie die einzige Alpenvereinshütte in der Reißkofelgruppe ist.

Bild links mitte: der Minisee auf der Jochalm

Westlich von Weißbriach gibt es einige Almen, auf denen Einkehrhütten zur Rast einladen.

Den Reißkofel kennt man meist nur als alleinstehenden Bergstock. Nur von höheren Standorten ist erkennbar, daß sich ein langgezogener Bergrücken anschließt, der bei Weißbriach ins Gitschtal abfällt. Ein Graben trennt diesen Bergzug von der vorgelagerten Jochalm. Ein Taleinschnitt trennt die Jochalm von dem in geringer Höhe verlaufenden, bewaldeten Guggenbergzug mit Mittelgebirgscharackter, der bei Hermagor endet.

Zwischen dem Gitschtal, sowie dem Talboden bei Hermagor und dem Presseggersee einerseits und dem Weißensee andererseits verläuft die Spitzegelgruppe, bestehend aus dem 2118 m hohen **Spitzegel** und den Zweitausendern Golz, Vellacher Egel und Graslitzen. Der ganze Bergzug beginnt am Kreuzbergsattel und senkt sich östlich zur Windischen Höhe ab.

Oberhalb von St. Lorenzen im Gitschtal befindet sich die Kohlröslhütte, von der man einen faszinierenden Blick ins Gitschtal hat. Es ist die einzige bewirtschaftete Hütte der Spitzegelgruppe.

Der „Kärntner Rigi" wird er ehrfurchtsvoll auch genannt, der **Dobratsch** oder **Villacher Alpe**. Der mächtige, mehrere Kilometer lange, nach Osten hin stufenförmig abfallende Bergblock ist das östlichste Gebirge der Gailtaler Alpen und erhebt sich zwischen der untersten Gail und dem Nötsch- und Weißenbach im Bleiberger Tal. Der Name Dobratsch ist slawischen Ursprungs, für dessen Inhalt es mehrere Deutungen gibt. Das slawische „Dob" heißt Eiche, „Dobra" somit Eichenwald oder Berg mit Eichen, das Wort „dober" steht für gut und könnte „Guter Berg" bedeuten.

Im Gegensatz zu den steilen Flanken im Süden, Westen und Norden, zeigt sich das Bergmassiv vom 2166 m hohen Gipfel nach Osten hin in einer kilometerlangen Abflachung, die beim Warmbad Villach endet. Seit 1965 führt eine moderne Mautstraße von Villach bis zur sogenannten Roßtratte. Das letzte Stück besteht aus einem weiten Almgebiet, das bis zum Gipfel reicht. Wenige Meter unterhalb des Gipfels steht das Ludwig-Walter-Haus (Alpenverein) und der seit 1971 in Betrieb stehende Sendemast des ORF. Der Gipfel zählt zu den bedeutendsten Aussichtsbergen Kärntens.

Die Dobratsch-Südwände zählen zu den eindrucksvollsten und interessantesten Landschaften Kärntens. Das Bergsturzgebiet, vor allem der Bereich der „Schütt", wurde in den Jahren 1994-1996 wissenschaftlich untersucht und die Ergebnisse in dem Buch „Bergsturz-Landschaft-Schütt" dokumentiert und veröffentlicht. Darin wird unter anderem der Lebensraum vieler Tierarten und Pflanzen beschrieben, die nach dem Bergsturzereignis des Jahres 1348 dieses Gebiet wieder eroberten. Besonders prominente „Schüttbewohner"sind neben der Illyrischen Gladiole (siehe auch Seite 97), der Smaragdeidechse, der Hornviper u.v.a. die vielen Schmetterlings- und Falterarten, von denen einzelne, wie die hier abgebildeten, in vielen anderen Teilen des Landes sehr selten geworden oder überhaupt ausgestorben sind. Hier im Bergsturzgebiet haben sich letzte Biotope erhalten, wo die Raupen der Schmetterlinge und Falter ihren Lebensraum finden. Der Großteil des Gebietes steht seit 1942 unter Naturschutz, weitere zusätzliche Bereiche wurden in letzter Zeit ebenfalls unter Schutz gestellt.

Das Große Nachtpfauenauge *(Saturnia pyri)*   Der Apollofalter *(Parnassius apollo)*

Der westliche Gipfelbereich des Dobratsch in der Abendsonne und die wilden Felsformationen der Südflanke des Berges.

Das Luftbild zeigt den Dobratschgipfel vor der herrlichen Gebirgskulisse der Julischen Alpen. Rechts neben dem 165 m hohen Sendemast liegt das Schutzhaus des Österreichischen Alpenvereines (Ludwig Walter Haus). Darüber an höchster Stelle die Knappenkirche (Deutsche Kirche). Ganz rechts lugt das Dach der Windischen Kirche über dem Gipfelgrat hervor.

Triglav 2863m   Razor 2601m   Prisank 2547m

Almwirtschaft, Wandergebiet und Liftbetrieb auf der Villacher Alpe, die auch ein beliebtes Schigebiet für die Stadt Villach und Umgebung ist.

Der Bereich um den Dobratschgipfel ist ein beliebter Standort für den Deutschen Enzian *(Gentianella germanica),* Bild unten.

Einzelne Alpenblumen wachsen noch in den kleinsten Felsritzen, z.B. Glockenblumen *(Campanula),* Bild oben.

Ein umfangreiches, botanisches Projekt macht die Villacher Alpe seit 1973 zusätzlich zu einem besonderen Ausflugziel. In ca. 1500 m Höhe liegt der „Alpengarten Villacher Alpe", der auf der Tradition der botanischen Gärten der Stadt Villach aufbaut. Ein etwa 400 m langer Waldstreifen zwischen der Alpenstraße und der „Roten Wand", dem Bergsturzgebiet vom Jahre 1348, wurde in ein alpines Gartengelände umgewandelt. Es sollte kein Botanischer Garten im herkömmlichen Sinne sein, sondern ein Naturgarten, der dem Besucher die Schönheit der alpinen Blumen- und Pflanzenwelt auf kleinstem Raum vor Augen führt. Die Erhaltung und Vermehrung geschützter, seltener Pflanzenarten sind ein besonderes Anliegen des zuständigen Vereines. Über die Blühperiode von Mai bis zum Ende der Blühphase im Herbst kann das Wachsen und Blühen der verschiedenen Pflanzen und Blumen miterlebt werden.

Von einer kleinen Ruine am Dobratschgipfel, die früher als Unterkunft für Wallfahrer diente, genießt man einen faszinierenden Blick ins 1600 m tiefer liegende Gailtal.

Der Gipfel des Dobratsch hält neben dem Sendemast und dem Schutzhaus noch ein paar Besonderheiten bereit. Unmittelbar neben dem Gipfel steht die höchstgelegene Kirche Europas, die Deutsche Kirche „Maria am Stein", auch Knappenkirche genannt. Der Ort am „Heiligen Stayn" wird erstmals im Jahre 1484, anläßlich eines Grenzstreites zwischen dem Bischof von Bamberg und dem Besitzer der Wasserleonburg erwähnt. Mehrere Sagen liegen dem Ursprung des Heiligtumes zugrunde, wovon eine in Kurzform hier wiedergegeben werden soll: Ein Hirte sah nach seiner Errettung aus höchster Absturzgefahr die Mutter Gottes auf einem Stein sitzen und aus Dankbarkeit errichtete er an der Stelle ein Kreuz, das der Beginn einer Wallfahrtsgeschichte wurde. Diese Erscheinung bewog auch die Schloßherrin von Wasserleonburg, den Gnadenort aufzusuchen. Für die Erhörung ihrer Bitte um die Gesundung ihres taubstummen Sohnes, gelobte sie, eine Kapelle zu bauen. Nach der wundersamen Erfüllung ihres Wunsches löste sie das Gelöbnis ein und baute die Kapelle, die unter dem Namen „Windische Kirche" bekannt ist. Soweit die Sage.

Tatsachenberichte bezeugen, daß nach der Errichtung der Windischen Kirche die Gläubigen der umliegenden Dörfer auf bambergischer Seite aktiv wurden und die Gewerken des Bleiberger Tales im Jahre 1692 beim Burgamt in Villach die Erlaubnis zum Bau der Deutschen Kirche erwirkten, daher auch der Name „Knappenkirche". In der Folgezeit entwickelte sich eine rege Wallfahrtstätigkeit. Im Laufe der Jahre tat der Zahn der Zeit seine Wirkung und so mußten beide Kapellen einige Male renoviert werden, zuletzt zwischen 1961 und 1966.

„Der Glaube versetzt nicht nur Berge (sprichwörtlich), er bewegt die Menschen auch zum Bau von Kreuzen und Kirchen auf deren höchsten Gipfeln."

Durch eine gigantische Naturkatastrophe, die sich im 14. Jahrhundert ereignete, ist der Dobratsch als Schicksalsberg des unteren Gailtales in die Geschichte eingegangen. Am 25. Jänner 1348 löste ein starkes Erdbeben an den Südhängen des Gebirges einen gewaltigen Bergsturz aus, demzufolge laut alten Überlieferungen 17 Dörfer, 3 Gschlösser und 9 Gotteshäuser im Schutt begraben wurden. Laut diesen Überlieferungen brach der Berg in seiner ganzen Südflanke ab. Obwohl aus alten Chroniken (z. B. aus dem 16. Jht.) ziemlich realistisch hervorgeht, daß „derselb erdpiden schutt bey Villach ainen perg nider derviel in ain wasser das haist die Geill und verschwellet das das es hinder sich ausgie und ertrankte dorffer heuser leut und guetter", also der Berg nicht Orte verschüttet hatte, sondern diese durch den aufgestauten Gailfluß zu Schaden kamen, verwandelte sich im Lauf der Jahrhunderte der Inhalt der Darstellung in die populäre überlieferte Version, die bis heute in Chronik und Literatur weitergetragen wurde.

Erst neueste wissenschaftliche Erkenntnisse brachten mehr Licht ins Dunkel dieses Ereignisses, das nur das Gebiet der „Roten Wand", der „Kranzwand" und der „Geklobenen Wand" (gekloben = gespalten), sowie eine weiter westlich liegende kleinere Abbruchstelle betraf, wobei menschliche Siedlungen nicht direkt verschüttet wurden. Die Schutthalden unterhalb der westlichen Südflanke des Berges stammen aus prähistorischer Zeit und haben keinen Bezug auf das Ereignis im 14. Jahrhundert. Auf Grund der geographischen Verhältnisse hält man heute eine direkte Schädigung der Siedlungen durch den Bergsturz selbst für ausgeschlossen, wohl aber wurden durch den sich bildenden Stausee mindestens zwei Ortschaften in Mitleidenschaft gezogen, so daß sie aufgegeben werden mußten. Die Menge des abgebrochenen Gesteins schätzt man auf 30 Millionen Kubikmeter, das sich in einer Breite von 1 km und 3 km Länge in den Talboden wälzte und dort den Aufstau des Gailflusses bewirkte. Das Erdbeben verursachte wohl auch große Schäden an den Gebäuden der nahegelegenen Orte, die dann dem Bergsturz direkt zugeschrieben worden sein dürften. Obwohl dieses Ereignis nicht so gewaltige Ausmaße hatte, wie überliefert wurde, wird es trotzdem als größter Bergsturz der Ostalpen im letzten Jahrtausend gewertet.

Die heute noch üblichen Orts- und Flurbezeichnungen wie Ober- und Unterschütt, Schütterwald, Steinernes Meer und Seewiese haben ihren Ursprung wohl auch diesem außergewöhnlichen Naturereignis zu verdanken.

(Entnommen aus einem Beitrag v. Mag. Michael Themessl im Gailtal-Monat).

Die „Rote Wand" gilt als jener Abschnitt der Dobratsch-Südseite, aus dem im Jahre 1348 der der größte Teil des Bergsturzes erfolgte.

Gewaltige Gesteinsbrocken liegen heute noch unterhalb des Absturzgebietes in den Wäldern verstreut.

Inhaltsverzeichnis

Vorwort	3
Einleitung ...	4 - 10
Gailtaler Jägermarsch ...	11
Das Tal im Überblick ...	12 - 13

Die Gemeinden

Kötschach - Mauthen ...	14 - 23
Dellach ...	24 - 27
Kirchbach ...	28 - 33
Hermagor ...	34
Presseggersee ...	44 - 45
Naßfeldgebiet ...	46 - 51
Gitschtal ...	52 - 56
Weißensee ...	57 - 59
Luftbild - Unteres Gailtal ...	60 - 61
St. Stefan ...	62 - 67
Nötsch ...	68 - 74
Bleiberg ...	75 - 77
Feistritz ...	78 - 80
Hohenthurn ...	81 - 84
Arnoldstein ...	85 - 95
Stadt Villach ...	96

Land und Leute

Gesang ...	98 - 99
Musik ...	100 - 101
Brauchtum - Volklore ...	102 - 106
Alte Arbeitsformen ...	107
Jagd - Fischerei ...	108 - 109
Freizeit - Sport ...	110 - 111
Geologie ...	112 - 113
Archäologie ...	114 - 115
Kriegszeiten ...	116 - 117

Die Bergwelt der Karnischen Alpen

Plöckengebiet ...	118 - 122
Alpenblumen ...	123
Zollner Alm ...	124 - 125
Alpenblumen ...	126
Naßfeldgebiet ...	127 - 131
Bodensee ...	132
Garnitzenklamm ...	133
Wulfenia u. Schopf-Teufelskralle	134 - 135
Egger- u. Poludnigalm ...	136
Feistritzeralm ...	137
Vorderberger Klamm ...	138
Gailtaler Almkäse ...	139
Almimpressionen ...	140 - 141

Die Bergwelt der Gailtaler Alpen

Jaukengebiet ...	142 - 144
Alpenblumen ...	145
Reißkofelgebiet ...	146 - 148
Spitzegelgruppe ...	149
Dobratsch (Villacher Alpe) ...	150 - 154
Alpengarten ...	155
Dobratschkirchen ...	156
Bergsturzgebiet ...	157

Satellitenaufnahme und historische Karte im Vorsatz.

Übersichtskarte im Nachsatz.

Impressum:

Erschienen Juli 2000 im **Eigenverlag Stabentheiner**
Obergail 8, 9653 Liesing/Lesachtal, Tel: 04716/239, Fax 239-18.
Texte: Einleitung Arnold Ronacher, Hermagor. Beschreibungen und Bildtexte Gabriel Stabentheiner, Liesing.
Gestaltung (Layout): Gabriel Stabentheiner, Liesing und Grafik Zloebl, Lienz-Tristach.
Satzarbeit, Entwurfscans und Umschlag: Grafik Zloebl, Lienz-Tristach.
Reproarbeiten, Druck und Buchbinderei: Gorenjski Tisk, Kranj, Slowenien.

Alle Rechte beim Verleger.
I S B N : 3 - 9501057 - 0 - 0

Dieser Bildband sowie die Bildbände vom selben Autor „Lesachtal" und „Tiroler Gailtal" aus der Buchreihe „Eine Talschaft - drei Namen", können über die oben angeführte Verlagsadresse bezogen werden.

Literatur- und Quellennachweis

Arnold Ronacher, Die Gail entlang, Verlag Heyn 1992.
Ing.Ed.Pichl, Karnische Hauptkette, Artaria-Wien 1929.
Paolo Santonino, Reisetagebücher, Kleinmayr 1947.
Hans Peter Schönlaub, Vom Urknall zum Gailtal, Verwaltungsgemeinschaft der Gemeinden des pol. Bezirkes Hermagor 1988.
Sammelwerk „Kärnten-Archiv", Archiv Verlag Wien.
Ingrid Pilz, Karnische Alpen und Berge Friauls, Verlag Styria, Graz 1996.
Dehio - Kärnten, Die Kunstdenkmäler Österreichs, Verlag A. Schroll & Co, Wien 1981.
J.Kuschnigg u.R.Stemmer, Industriedenkmal Schrotturm, 1994.
Norbert Tschinderle, Arnoldstein einst und heute, Marktgemeinde Arnoldstein 1990.
Dr. Miron Zwitter, 35 Jahre Sportverein Achomitz.
Kärntner Volksliedwerk, Kärntner Heimatwerk 1996.
H. Wiesner u. Vyoral-Tschapka, Burgen und Schlösser in Kärnten.
Georg Burger, Heimatbuch v. Rattendorf 1971.
Franz Koschier, Kärntner Volkstracht und Trachtenbeiträge, Kärntner Heimatwerk 1992.
Österreichische Bundesbahnen, Pressestelle Villach 1995 (Prospekt).
Naturwissenschaftlicher Verein für Kärnten, Verbreitungsatlas der Farn- und Blütenpflanzen Kärntens 1992.
Diverse Informationsblätter und Kleinschriften der Gemeindeämter des Gailtales.
Franz Stefaner, Geschichte Kötschach-Mauthen, Manuskript 1974 - 1982.
Maria Stupnik u. Josef Zaworka, Bad Bleiberg, Marktgemeinde Bleiberg.
BBU-Bleiberg, Chronik - Bergbau Bleiberg-Kreuth, Bleiberg 1998.
Naturwissenschaftlicher Verein für Kärnten, Bergsturz - Landschaft - Schütt, Klagenfurt 1998.
Thomas Tiefenbacher, Die Schwaighöfe im Gailtal, Broschüre.
Dr. Christian Tropper, Christliche Kunststätten Österreichs, Nr. 200, 1991.
Matthias Maierbrugger, Durch alle Täler Kärntnens, Verlag Heyn 1982.
Friedrich Drachsel, Der Weißensee und seine Umgebung, Gemeinde Weißensee 1992.
Helmut Hecke, Alpengarten - Villacher Alpe 1988.
A. Kreuzer u. A. Walzl, Villach, Carinthia 1985.
Festschrift: 300 Jahre Deutsche Kirche Dobratsch.
Broschüre: Gailtaler Heimatmuseum.
Broschüre: Kulturtage - Nötsch.
Beiträge aus Kärntner Bauernkalender.
Beiträge aus der Monatszeitschrift Gailtal-Monat.
Fritz Gressl, Plöckengebiet (Manuskript).
Terra Mystica Bleiberg, Informationsblätter.
Karten:
Karnische Dolomitenstraße, Kartographisches Institut Innsbruck.
Kompass Kultur-Reiseführer, Kärnten 1: 250000 Geographischer Verlag, Starnberg.

Foto- und Bildnachweis

Vom Autor Gabriel Stabentheiner, Obergail-Liesing (244). Reinhold Kandolf und Tourismusbüro Hermagor (26). Heinrich Ebenwaldner, Dellach (12). Richard Jörer, Lienz (4). Erni Pollmann, Obergail (1). Dr. Anton Stabentheiner, Graz (2). Dipl.Ing. Gabriel Stabentheiner, Graz (2). Kurt Kristler, Kötschach (2). Fred Wiegele, Nötsch (1). Herbert Zojer, Kötschach (2). Sportverein Achomitz (1). Fotoatelier Erich Wieser, Arnoldstein (5). Gemeindeamt Weißbriach - Archiv (2). Gemeindeamt Weißensee - Archiv (3). Terra Mystica, Bleiberg (2). Grenzlanchor Arnoldstein - Archiv (1). Trachtengruppe Gitschtal - Archiv (1). Schuhplattlergruppe Gitschtal - Archiv (1). Volkstanzgruppe Hermagor - Archiv (1). Eisenbahner-Musikverein Arnoldstein - Archiv (1). BBU - Traditionsmusik Arnoldstein - Archiv (1). Gailtaler Trachtenkapelle Wertschach - Archiv (1). Gemeindeamt St. Stefan - Archiv (1). Verein Alpengarten - Villacher Alpe, Archiv (5). Mag. Gerhard Hohenwarter, Villach (1). A. Consolati, Wernberg (1). Gerd Steinweder, Hermagor (1). Klaus Peter Link, Bad Endorf, Bayern (1). A.Pichler, Lienz (1). Heinz Jung, Jadersdorf (1). Johann Dollinger, Naßfeld - Hermagor (2). Flugsportverein Nötsch - Arnoldstein - Archiv (1). Benno Unterluggauer, St. Lorenzen (1). Förderungsverein Heimatmuseum, Hermagor (1). Naturwissenschaftlicher Verein für Kärnten, W. Stuck (1), Dr. P. Wiedner (1). Kärntner Ansichtskartenverlag Villach (3). Archiv - Verlag, Wien (2). Satellitenbild Geospace, Salzburg (1). Hauptschule Feistritz / Drau, (1). Dr. Peter Paul Wiegele, Nötsch, (1).
Luftbildaufnahmen: „Freigegeben v. BMLV mit GZ, 13.088/46 - 1. 4. / 99".

Nr. 502 L

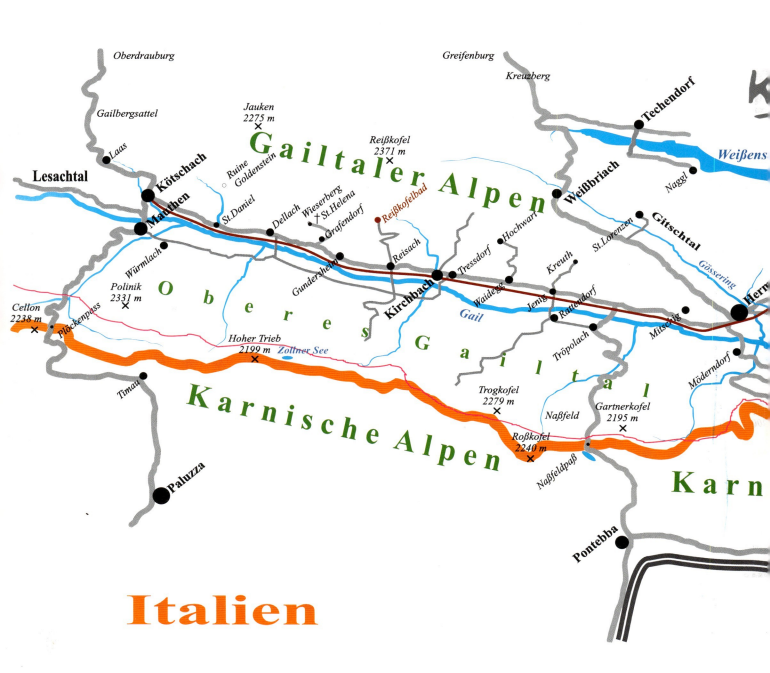